DELIUS KLASING

CLUB
VAMOS

SIE SIND DIE BESTEN.

Wir werden sie für immer **IN UNSEREN HERZEN** tragen.

Weil sie **DAS SPIEL** schöner, weil sie es besser gemacht haben.

Weil sie uns **DIESE AUGENBLICKE** geschenkt haben.

WEIL SIE LEGENDEN SIND.

THOMAS LÖTZ / REINALDO CODDOU H.

LEGENDEN DES FUSSBALLS

DIE GRÖSSTEN – VON BECKENBAUER BIS ZIDANE

DELIUS KLASING VERLAG

JOSÉ LEANDRO ANDRADE

ANGÉL ROMANO GING ZU DER ADRESSE, die er genannt bekommen hatte. Er klingelte an der Tür der Pariser Villa und fragte, ob sein Mannschaftskamerad zugegen sei. »Oh, oui, oui, Monsieur Andrade«, antwortete das Hausmädchen dem uruguayanischen Nationalspieler. Wenig später erschien José Leandro Andrade im Seidenkimono, durch den Hintergrund huschten zart bekleidete Frauen. Der Superstar des olympischen Fußballturniers genoss seine freien Stunden.

In den Tagen von Paris war aus dem Jungen, der sich sein Geld als Straßenmusikant in Montevideo verdient hatte, ein Held auf dem Fußballplatz und ein Goldmedaillengewinner geworden. Andrade wurde zur Attraktion der Hauptstadtgesellschaft, die seinem Können, der Eleganz und dem Anmut seiner Bewegungen erlag. Tango war die zweite Leidenschaft Andrades.

»Er war ein großer Kerl, elastisch in seinen Bewegungen, der stets das direkte, körperlose, elegante Spiel bevorzugte und in seinen Gedanken immer schon mehrere Situationen voraus war«, sagte der deutsche Nationalspieler Richard Hofmann. José Leandro Andrade spielte wie ein junger Gott, wie ein junger schwarzer Gott. In seiner Heimat nannte man ihn »La Maravilla Negra« (»Das schwarze Wunder«), und gemeinsam mit dem farbigen Brasilianer Arthur Friedenreich sorgte Andrade für eine Kulturrevolution im von Weißen beherrschten, rassistischen Fußball Südamerikas.

1924 und 1928 gewann er mit Uruguay die Goldmedaille bei Olympia in Paris und Amsterdam. Im Halbfinale von Amsterdam verletzte sich Uruguays Kapitän gegen Italien: Er stieß mit einem Torpfosten zuammen, sein Auge nahm Schaden, später erblindete Andrade darauf.

1930 gewann die Celeste die erste Ausgabe der Weltmeisterschaft, die noch dazu im eigenen Land stattfand und bei der - wie zwei Jahre zuvor - der Gegner im Finale Argentininen hieß. Nach einem 1:2-Rückstand kam Uruguay zurück und gewann im Centenario von Montevideo mit 4:2. Es war Andrades letztes Spiel in Himmelblau, als Siegprämie erhielt er eine Villa, und er wurde - eher aus sentimentalen, denn auch Leistungsgründen - zum besten Spieler des Turniers gewählt. Er wechselte von Nacional zurück zum großen Lokalrivalen Peñarol, wo er erstmals Uruguayanischer Meister wurde.

Nach Ende seiner aktiven Laufbahn kehrte Andrade Ende der 1930er-Jahre nach Paris zurück und tauchte im Nachtleben ab. Er verfiel dem Alkohol, verarmte. Kurz vor seinem 56. Geburtstag starb Uruguays größter Fußballer an Tuberkulose. Seine Medaillen fand man in einem Schuhkarton.

JOSÉ LEANDRO ANDRADE

GEBOREN: 22. November 1901 in Salto (Uruguay)

GESTORBEN: 5. Oktober 1957 in Montevideo (Uruguay)

VEREINE: CA Peñarol (1921), Misiones FC (1921), CA Bella Vista (1922), Reformers FC (1923), CA Bella Vista (1924), Nacional Montevideo (1925-31), CA Peñarol (1932-35), Atlanta de AFA Buenos Aires (1936), Argentinos Juniors (1936), Montevideo Wanderers FC (1937)

LÄNDERSPIELE: 33 (1 Tor) für Uruguay (1923-30)

Kappa
DANONE

ROBERTO BAGGIO

DAS GÖTTLICHE ZÖPFCHEN ist das, an was man bei Roberto Baggio meist zuerst denkt. Wobei Roberto Baggio, sollte er über sich als Fußballer nachdenken, wohl eher zuerst aufs Knie käme. Denn die Geschichte Roberto Baggios, dieses italienischen Mittelfeldartisten mit der engen Ballführung und dem ausgesprochenen Torriecher, ist auch eine an Knieschmerz reiche.

Sie beginnt für Roberto im Alter von 15 Jahren, er wird erstmals am Meniskus operiert. Und als er im Jahr darauf in der dritten Liga bei Vicenza beginnt, muss er wegen der Schmerzen im Knie oft passen. In seiner dritten Saison beim Team aus Venetien kommt er richtig in Tritt, ihm gelingen zwölf Tore in 29 Spielen, das zwei Klassen höher spielende AC Florenz klopft an. Noch vor dem Saisonstart 1985 erleidet Baggio einen Kreuzbandriss, sein Debüt im lila Dress der Fiorentina findet mehr als ein Jahr später statt. Baggio macht ein paar Spiele, dann muss er wieder operiert werden. Er ist 20, er ist zwei seiner Menisken los und er denkt ans Karriereende.

Doch sein Zustand stabilisiert sich. Bis 1990 bleibt er in Florenz, wird wegen seines schönen Spiels zum Liebling der Fans. Am letzten Spieltag der Saison kann die Fiorentina den Abstieg verhindern, steht anschließend im UEFA-Cup-Finale gegen Juventus Turin. Am Tag des Rückspiels wird bekannt, dass Juve den zum Nationalspieler gereiften Baggio für umgerechnet 30 Millionen Mark gekauft hat. Florenz verliert das Finale, verliert den nun teuersten Spieler der Welt, und seine Fans rasten tagelang aus, die Villa von Clubpräsident Flavio Pontello wird mit Steinen angegriffen.

Sein erstes Jahr bei Juve verläuft enttäuschend, was nicht an Baggio liegt. Im Jahr darauf wird man Vizemeister, und 1993 gewinnt Baggio – zusammen mit Andreas Möller und Jürgen Kohler – den UEFA-Cup gegen Borussia Dortmund. Baggio wird bester Fußballer Europas und der Welt, ein Jahr später Vizeweltmeister in den USA: Dreimal schießt er in den K.-o.-Spielen den jeweils entscheidenden Treffer, im Finale vergibt er gegen Brasilien den entscheidenden Elfmeter des Elfmeterschießens.

1995 verabschiedet er sich bei Juve mit Meistertitel und Pokal. Er wechselt zum AC Milan, wo er in zwei Jahren nur Probleme hat, geht nach Bologna, schneidet seinen Zopf ab, läuft zu alter Klasse auf und spielt 1998 seine dritte und letzte WM. Beim Aus im Viertelfinale gegen Gastgeber Frankreich sitzt Baggio auf der Bank. Noch einmal versucht er sich in Mailand, diesmal bei Inter. Und wieder gibt es Probleme, Baggio verschwindet nach Brescia, wo er sich noch einmal reinhängt, einen weiteren Kreuzbandriss übersteht und 2004 Schluss macht. Lange hört man nichts von ihm, bis man 2010 liest, dass Robert Baggio Technischer Direktor des italienischen Fußballverbandes geworden ist. Wohl auch, um dort den ein oder anderen alten Zopf abzuschneiden.

ROBERTO BAGGIO

GEBOREN: 18. Februar 1967 in Caldogno (Italien)

VEREINE: Lanerossi Vicenza (1982-85), AC Florenz (1985-90), Juventus Turin (1990-95), AC Mailand (1995-97), FC Bologna (1997/98), Inter Mailand (1998-2000), Brescia Calcio (2000-04)

LÄNDERSPIELE: 56 (27 Tore) für Italien (1988-2004)

FRANCO BARESI

ANDERE BEKAMEN DEN SPITZNAMEN »Kaiser« verliehen, ihn nannten sie »Franz«. Weil Franco Baresi in seiner Art zu spielen der Inkarnation des Liberos, Franz Beckenbauer, ähnelte, rief man den Italiener beim Vornamen des Deutschen. Da konnte Baresi noch so sehr betonen, dass er nicht Beckenbauer, sondern den niederländischen Defensivkünstler Ruud Krol zum Vorbild habe. Und »Franz« klingt in jedem Fall hübscher als »Verteidigungsminister Italiens«, wie man Baresi auch einmal bezeichnete, seiner ausgeprägten (spiel) strategischen Fähigkeiten wegen.

Mit 14 Jahren trat der Junge aus dem unweit Brescia gelegenen Travagliato dem AC Milan bei und blieb. Sechsmal wurde er mit den Rossoneri Italienischer Meister, zweimal gewann er den Europapokal der Landesmeister, einmal dessen Nachfolgeveranstaltung Champions League, zweimal den Weltpokal. Baresi, der mit 17 als Libero in der Serie A debütierte, wurde 1979 als Stammspieler Meister und blieb dem Club auch treu, als dieser wegen Verstrickungen in einen Wettskandal in der Spielzeit 1980/81 in die zweite Liga strafversetzt wurde, aufstieg und zum Ende der Saison 1981/82 dann sportlich aus der Serie A absteigen musste. Das setzte Baresi gesundheitlich zu, er fiel mit Verdacht auf Leukämie mehrere Monate aus.

Milan kehrte in die Serie A zurück, der wieder genesene Baresi interpretierte die Liberorolle offensiv, gestalterisch und mit dem Meisterschaftsgewinn von 1988, dem ersten nach zehn Jahren für den Club, läuteten Milan und sein Kapitän Franco Baresi die schwarz-rote Zeitrechnung ein; auch wenn diese tatsächlich mit dem Kauf des Vereins durch den superreichen Unternehmer Silvio Berlusconi zwei Jahre zuvor schon begonnen hatte. Mit dem neuen Trainer Arrigo Sacchi, der von Berlusconi verpflichtet worden war, nachdem Sacchi mit seinem Zweitligateam aus Rimini Milan im Pokal rausgekegelt hatte, prägte Milan einen neuen, auf Pressing basierenden, wunderschön anzusehenden Offensivstil. Es folgten Titel in Italien, auf dem Kontinent und in der Welt. Und als in der Folge immer wieder verlockende Angebote anderer Topclubs für den damals besten Abwehrchef der Welt eintrudelten, sagte Baresi nur: »Ich kann mir kein anderes Trikot vorstellen.« Nach seinem Rücktritt 1997 ist das Trikot mit der 6 bei Milan nicht mehr vergeben worden.

Baresi blieb seinem Club auch treu, obwohl ihm bisweilen wirklich übel mitgespielt wurde. So ordnete etwa Milan-Präsident Berlusconi an, die kalorienreiche Linzer Torte aus dem Essensangebot im Trainingszentrum Milanello zu streichen. Die Torte war Baresis Lieblingsspeise.

FRANCHINO BARESI

GEBOREN: 8. Mai 1960 in Travagliato (Italien)
VEREINE: AC Mailand (1978–97)
LÄNDERSPIELE: 81 (1 Tor) für Italien (1982–94)

OPEL
lotto
DERBY STAR

KNVB

MARCO VAN BASTEN

DER TEENAGER MARCO van Basten trug mit sich einen Zettel. »14 Finten, die ich beherrsche«, hatte er dort aufgeschrieben. Das war kurz, bevor er mit 16 Jahren von seiner Heimatstadt Utrecht nach Amsterdam zu Ajax wechselte, ein Jahr später debütierte er in der ersten Mannschaft des Clubs – und seine Einwechslung im Ligaspiel gegen Nijmegen hatte schon etwas Magisches, denn für van Basten ging die Ikone Johan Cruijff vom Feld, und wie selbstverständlich traf der schlaksige Debütant bei seinem ersten Spiel auch gleich ins Tor.

Etliche Jahre später war van Basten dreimal zum »Fußballer des Jahres« gewählt worden, sowohl in Europa als auch in der Welt. Er hatte mit Ajax drei Meistertitel und dreimal den Pokal gewonnen, viermal war er Torschützenkönig seines Heimatlandes. Mit Milan gewann er zweimal den Europapokal der Landesmeister, den Weltpokal und drei Meisterschaften. Van Basten war 1986 bester Torjäger Europas und mit den Niederlanden in Deutschland 1988 Europameister. Sein Siegtreffer im Halbfinale gegen die Gastgeber in der letzten Minute schrieb Geschichte, in den Niederlanden spricht man heute noch von der Partie im Hamburger Volkspark als »Dritter Weltkrieg«. Schöner war in jedem Fall van Bastens 2:0-Volleytreffer aus spitzem Winkel im Endspiel gegen die UdSSR, ein Jahrhunderttor.

Immer wieder wurde van Basten von Verletzungen und Krankheiten gestoppt, meistens kam er wieder. 1983 ereilte ihn das Pfeiffersche Drüsenfieber, drei Monate Zwangspause – und dennoch wurde er Liga-Schützenkönig in den Niederlanden und zweitbester Torjäger Europas. An seinem Knöchel wurde er erstmals 1986 operiert, 1987 gewann er mit Ajax den Europapokal der Pokalsieger. Er wechselte zum AC Milan, nach vier Spielen schmerzte der Knöchel erneut, monatelang musste van Basten aussetzen, bevor er mit dem Berlusconi-Club richtig Erfolge feiern konnte. 1992 traten wieder Probleme im Knöchel auf, und am 26. Mai 1993 im Champions-League-Finale gegen Marseille (0:1) absolvierte Marco van Basten sein letztes Fußballspiel. Zwei weitere Jahre kämpfte er, ließ sich fünfmal am Gelenk operieren – ohne Erfolg. Am Ende musste der Knöchel sogar versteift werden, um die Schmerzen zu lindern. 1995 erklärten ihn die Ärzte zum Sportinvaliden. Van Basten wurde Fußballtrainer, Nationaltrainer der *Elftal*. So gut wie als Spieler aber wurde er nie mehr.

MARCEL VAN BASTEN

GEBOREN: 31. Oktober 1964 in Utrecht (Niederlande)
VEREINE: Ajax Amsterdam (1982-87), AC Mailand (1987-93)
LÄNDERSPIELE: 58 (24 Tore) für die Niederlande (1983-92)

DEUTSCHER

FRANZ BECKENBAUER

DEN BEINAMEN »KAISER« hat sich Franz Beckenbauer während des Endspiels um den DFB-Pokal gegen Schalke 04 im Jahre 1969 erworben. Eine Woche zuvor waren die Bayern erstmals Deutscher Meister geworden, im Cupfinale foulte Beckenbauer dann Stan Libuda, den »König von Westfalen«; Schalkes Fans drehten durch. Und was tat Beckenbauer? Er ging in jene Ecke des Stadions, aus der die Schmährufe am deutlichsten zu vernehmen waren, stellte sich dort auf und jonglierte den Ball gelassen mit Kopf und Fuß. Kaiserlich. Da wurde es ruhig im Rund des Frankfurter Waldstadions – und die Bayern gewannen den Pokal und damit das Double.

Beckenbauer war ein ausgezeichneter Techniker, ein glänzender Regisseur, und später war er ein außerordentlich erfolgreicher Trainer, wenngleich ohne die dafür nötige Lizenz. Beckenbauer war 1974 Weltmeister (als Spieler) und 1990 Weltmeister (als Teamchef). Seine Verträge als Fußballer, Trainer und als Franz Beckenbauer bescherten ihm ein geschätztes Vermögen im mittleren, zweistelligen Millionen-Euro-Bereich.

Eines seiner größten Machtspiele hat Beckenbauer 1974 gewonnen, wenn auch nur gegen Bundestrainer Helmut Schön. Bei der WM im eigenen Land hatte die BRD gegen die DDR verloren. Zwar war man trotzdem weiter im Turnier, aber die Sache war äußerst peinlich. Also übernahm Kapitän Beckenbauer kurzerhand das Kommando über die Nationalmannschaft: Wie und in welcher Besetzung fortan bis zum Titel gespielt wurde, das entschied der Kaiser.

Der Sohn eines Oberpostsekretärs aus München-Giesing wusste die ihn umgebenden Strukturen bestens für seine Zwecke auszunutzen: Ob er Katsche Schwarzenbeck auf dem Platz die sogenannte Drecksarbeit machen ließ, in seiner Zeit als Präsident bei Bayern München den Manager Uli Hoeneß die »Abteilung Attacke« besorgen ließ oder ob er Deutschland die Fußball-WM 2006 besorgte.

Als im Juli 2000 die Wahl des Austragungsortes anstand, hatten deutsche Unternehmen kurz zuvor Milliardeninvestitionen in Thailand und Südkorea bekannt gegeben, der Bundessicherheitsrat Waffenlieferungen nach Saudi-Arabien bewilligt – das auch, um die FIFA-Stimmberechtigten aus diesen Nationen der deutschen Sache gegenüber wohl zu stimmen. Den Rest regelte Beckenbauer unmittelbar vor dem Entscheid im Tagungshotel. »Was in der Nacht vor der Wahl geschehen ist«, hat sein Kompagnon Fedor Radman einmal gesagt, »wird niemand erfahren.«

FRANZ ANTON BECKENBAUER

GEBOREN: 11. September 1945 in München (Deutschland)

VEREINE: FC Bayern München (1964-77), New York Cosmos (1977-80), Hamburger SV (1980-82), New York Cosmos (1983)

LÄNDERSPIELE: 103 (14 Tore) für Deutschland (1965-1977)

DAVID BECKHAM

0:3 GEGEN DEN FC DALLAS, so endete Mitte November 2010 die letzte Saison der LA Galaxy. Es war ein emotionsloser Kick ihres Teams, den die 27000 Zuschauer im ausverkauften Home Depot Center gesehen hatten. Das Aus im Halbfinale der US-amerikanischen Profiliga. Da merkte die »Los Angeles Times« über den Galaxy-Starspieler David Beckham an, das dieses »26-Millionen-Dollar-Investment« in vier Jahren noch keinen Titel habe vorzeigen können. Was nicht ganz richtig war, denn der Fünfjahresvertrag des englischen Gastspielers ist mit mehr als 250 Millionen US-Dollar dotiert, sagt man.

Bei all den Millionen, die er sich mit dem Fußballspielen bei Manchester United, Real Madrid, in der englischen Nationalmannschaft, in Los Angeles und als Leihspieler in Mailand zusammengespielt hat, ist David Beckham ein netter Kerl geblieben, was auch mit seiner eklatanten Einfältigkeit zu tun haben mag. Die internationale Boulevardpresse hat ihre Freude am »großen Naiven der Unterhaltungsindustrie Fußball« (SZ) und seiner Frau Victoria, berichtet von neuen Operationen am Körper des Ex-Starlets, Tätowierungen auf dem Körper des Spielers - bei Drucklegung dieses Buches waren es 21 - oder vom neuen Nachwuchs im Hause »Posh« & »Becks«.

Fußballanhängern war die Bewunderung für seine grandiose Schusstechnik gemein, mit der er insbesondere in seinen elf Jahren bei United Standardsituationen eine neue Dimension verlieh. So schnell, scharf und präzise zirkeln konnte sonst keiner aus dem Stand.

Manchester United bleibt seine große Liebe, und als er von dort nach Champions-League-Sieg, Weltpokal, sechs Meisterschaften und zwei FA-Cups zu Real Madrid wechselte, die damals die »Galaktischen« waren, änderte sich seine Funktion. Die weißen Real-Trikots mit der Nummer 23 und dem Namen Beckham waren am ersten Tag ausverkauft, 625000 Euro soll Real damit verdient haben. Der Spieler Beckham verschwand. Nicht nur seine Leistungen waren, vom ersten Jahr in Madrid abgesehen, nicht mehr exzeptionell, im Ensemble mit Zidane, Figo und Ronaldo fand er nie seinen Platz. Es war bezeichnend, dass Beckham seinen einzigen Titel in Spanien in jenem Jahr gewann, als er den Club verließ: 2007 wurde Real Meister.

Sportlich wenig erfolgreich verlief seine Zeit in der Nationalmannschaft. Zwar nahm er an drei Weltmeisterschaften teil (1998, 2002, 2006), aber nie kam England über das Viertelfinale hinaus. Und Beckhams erstes WM-Spiel endete in einem Drama: Im Achtelfinale 1998 ließ er sich vom Argentinier Simone provozieren und erhielt wegen Nachtretens die Rote Karte - in Unterzahl mussten die Engländer ins Elfmeterschießen und schieden gegen ihren Falklandkriegsgegner aus. Daraufhin druckte der Daily Mirror eine Dartscheibe ab, auf der ein Bild Beckhams zu sehen war.

DAVID ROBERT JOSEPH BECKHAM

GEBOREN: 2. Mai 1975, Leytonstone (England)

VEREINE: Manchester United (1992–2003), Preston North End (ausgel. 1995), Real Madrid (2003–07), Los Angeles Galaxy (seit 2007), AC Mailand (ausgel. 2009/10)

LÄNDERSPIELE: 115 (17 Tore) für England (seit 1996)

DENNIS BERGKAMP

SO SEHR DENNIS BERGKAMP auch ein furchtloser Stürmer gewesen ist, das Besteigen von Flugzeugen löste in dem Niederländer Panik aus. Seit 1994 ist Bergkamp nicht mehr geflogen. Er hat versucht, sich behandeln zu lassen – erfolglos. Also lebten er und seine Mannschaften mit dem Problem, an Abenden von Europacup-Auswärtsspielen saß Bergkamp meist zu Hause. Und das Flugproblem verkürzte auch seine Nationalmannschaftskarriere: Nach der EM 2000 trat Bergkamp zurück. Wie hätte er auch zur nächsten WM in Japan und Südkorea bequem anreisen sollen?

Sieben Jahre spielte Bergkamp für Ajax Amsterdam, den Club seiner Heimatstadt. Er gewann den Europapokal der Pokalsieger (1987) und den UEFA-Cup (1992), in seiner letzten Saison in den Niederlanden gelingen ihm 26 Treffer in 28 Spielen. Juventus Turin und Inter Mailand buhlen um den 24-Jährigen, der entscheidet sich für Inter: keine gute Idee.

Der introvertie Bergkamp kommt im Juli 1993 gemeinsam mit Landsmann und Ajax-Mitstreiter Wim Jonk nach Mailand. Isoliert in der Mannschaft, offen kritisiert von seinen Teamkollegen. »Bergkamp und Jonk sind ein großes Problem«, sagt Mittelfeldspieler Andrea Seno. Am Ende seiner ersten Saison gewinnt er den UEFA-Cup mit, dann geht nichts mehr. Bergkamp kommt mit der defensiven Spielweise nicht zurecht, auch nicht mit seinem Sturmpartner Ruben Sósa.

Als er zu Arsenal London wechselt, ist er der einzige Ausländer in der Mannschaft, kurz nach ihm kommt Trainer Arséne Wenger zu den Gunners. Elf Jahre bleibt Bergkamp in London, die Fans lieben ihren eigenbrötlerischen »Iceman«. Nach Gewinn des Doubles 1998 wird Bergkamp zum besten Spieler der Liga gewählt, das Doppel kann die Mannschaft 2002 wiederholen – auch wenn ihr Starstürmer da schon Thierry Henry heißt, aber Bergkamp schießt wichtige Tore. Ungeschlagen wird Arsenal 2004 mit dem »liegenden Holländer« noch einmal Meister – Bergkamps Beitrag: vier Treffer.

Sein vielleicht schönstes Tor schießt Bergkamp nicht im Verein, sondern in der Nationalmannschaft beim Viertelfinale der WM 1998 gegen Argentinien. Und dieser Treffer demonstriert sein einzigartiges Gefühl bei der Annahme von Bällen aus der Luft: Ganz sanft lässt er dort den langen Ball von Frank de Boer auf seinem Spann landen, tickt ihn leicht an, sodass er duch die Beine eines Verteidigers läuft, dann macht er drei Schritte und schießt ein. Es ist die 89. Minute, und es ist das Siegtor zum 2:1. Die Niederlande drehen durch.

Sein Abschiedsspiel im Alter von 37 läutete bei Arsenal den Beginn eine neuen Ära ein, nach 93 Jahren im alten Highbury-Stadion war Bergkamps letztes Match das zugleich erste in der neuen, um die Ecke der alten gelegenen Arena. Dass die den Namen einer großen arabischen Fluggesellschaft trägt, erschien an diesem Tag paradox, da doch der Mann, dem dieses Spiel galt, ein Mann mit Flugangst war.

DENNIS NICOLAAS MARIA BERGKAMP

GEBOREN: 10. Mai 1969 in Amsterdam (Niederlande)
VEREINE: Ajax Amsterdam (1986–93), Inter Mailand (1993–95), FC Arsenal (1995–2006)
LÄNDERSPIELE: 79 (37 Tore) für die Niederlande (1990–2000)

O2
10

GEORGE BEST

DER HIMMEL HIELT NICHT AN SICH. Es regnete über Belfast, als hunderttausend Menschen den berühmtesten Sohn ihrer Stadt für immer verabschiedeten. Friedlich standen Protestanten und Katholiken nebeneinander, warfen dem Leichenwagen Blumen hinterher und trauerten gemeinsam. George Best wurde auf dem Friedhof Roselawn neben seiner Mutter Ann beigesetzt. Nicht einmal 60 war er geworden.

»Ich habe viel Geld für Alkohol, Frauen und Autos ausgegeben. Den Rest habe ich einfach verprasst«, hat George Best einmal gesagt. An Frauen und Autos ist er nicht gestorben, sondern am Alkohol, von dem er nie loskam und der ihn am Ende hinraffte. Bezeichnend, dass Best an jenem Tag starb, am dem im Vereinigten Königreich die Sperrstunde aufgehoben wurde.

George Best wuchs auf im Stadtteil Cregagh, im Osten Belfasts. Als er 15 war, fiel einem Scout von Manchester United das Talent auf, allerdings war der Teen zu schmächtig, weswegen ihm die Betreuer zum Genuss von starkem Hefebier rieten. Bests Körper wurde kräftiger und er gewöhnte sich an Alkohol.

Bests Spielweise war filigran, technisch geprägt und elegant und insofern ein Affront gegen den stumpfen Kick-&-rush im britischen Fußball jener Tage. Mit 22 Jahren gab es den besten George Best aller Zeiten zu sehen. Im Europapokalfinale gegen Benfica Lissabon legte er ein famoses Spiel hin. Manchester gewann als erstes englisches Team Europas wichtigsten Titel. Best wurde Englands und Europas »Fußballer des Jahres«. Er wurde Torschützenkönig, wurde reich und soff die Nächte durch, wie am Morgen, nachdem man ihn zum besten Kicker Englands gekürt hatte. Da fand ein Polizist Best mit der Trophäe im Arm in der Gosse. Alkohol war auch der Grund, weshalb Bests Karriere bei ManU mit einem Rauswurf nach 168 Toren endete.

George Best, sagen viele, sei nicht weltberühmt geworden, weil er nie an einer Weltmeisterschaft teilgenommen hat; sein Potenzial allein reichte für Nordirland nicht aus. Immerhin ist Best aber der Spieler, über den ein künstlerischer Dokumentarfilm der Extraklasse gefertigt wurde. Die Besonderheit des Films »Fußball wie noch nie« des Deutschen Hellmuth Costard: Der Regisseur ließ die Kamera während eines Spiels von Manchester United gegen Coventry City im Jahre 1970 nur auf Best ruhen. Einzigartig.

Als nach Bests Tod in den Stadien Großbritanniens seiner mit einer Schweigeminute gedacht werden sollte, hielten das viele Fans nicht durch. Sie klatschten Beifall. Das hätte George Best sicher gut gefallen.

GEORGE BEST

GEBOREN: 22. Mai 1946 in Belfast (Nordirland)

GESTORBEN: 25. November 2005 in London (England)

VEREINE: Manchester United (1963-74), Stockport County (ausgel. 1975), Cork Celtic (1975/76), Los Angeles Aztecs (1976, 1977, 1978), FC Fulham (1976/77), Fort Lauderdale Strikers (1979, 1980), Hibernian Edinburgh (1979/80), San Jose Earthquakes (1979/80, 1981), AFC Bournemouth (1983), Brisbane Lions (1983), Tobermore United (1984)

LÄNDERSPIELE: 37 (9 Tore) für Nordirland (1964-78)

OLEG BLOCHIN

INMITTEN DER ZEITRECHNUNG Cruijff/Beckenbauer fiel das Jahr 1975 gehörig aus der Reihe. Neben Europas bestimmenden Clubs (und ihren Protagonisten), dem FC Barcelona (Cruijff) und dem FC Bayern München (Beckenbauer), sorgte ein Team aus der Sowjetunion für Furore: Dynamo Kiew. Angeführt vom jungen, schnellen, torgefährlichen Linksaußen Oleg Blochin gewann die Mannschaft von Trainer Valerij Lobanowski den Europapokal der Pokalsieger und der 23-jährige Blochin die Wahl zu Europas »Fußballer des Jahres« – überlegen vor Beckenbauer und Cruijff. Als Kiew den europäischen Erfolg elf Jahre später wiederholte, war der fünffache UdSSR-Torschützenkönig Blochin immer noch an Bord. Die Offerten von Real Madrid und anderen ausländischen Topclubs hatte er ausschlagen müssen: Ausreiseverbot. Als die Perestroijka ihn im Alter von 35 Jahren und nach 29 Jahren bei Dynamo doch noch einen Wechsel in den Westen ermöglichte, war die Adresse allenfalls kultig zu nennen: Vorwärts Steyr, zweite österreichische Liga.

OLEH WOLODYMYROWYTSCH BLOCHIN

GEBOREN: 5. November 1952 in Kiew (Sowjetunion)
VEREINE: Dynamo Kiew (1969–88), SK Vorwärts Steyr (1988/89), Aris Limassol (1989/90)
LÄNDERSPIELE: 101 (35 Tore) für die Sowjetunion (1972–88)

ZBIGNIEW BONIEK

»ER LIEF SCHNELL UND ELEGANT wie ein Damhirsch, er kämpfte eigensinnig wie ein Esel um jeden Ball«, schrieb der peruanische Autor Mario Vargas Llosa über den polnischen Fußballer Zbigniew Boniek. Acht Jahre, nachdem seine Landsleute 1974 bei der WM in Deutschland überraschend den dritten Platz erreicht hatten, war es bei der Endrunde in Spanien der Spielmacher Boniek, der die »weißen Adler« erneut auf Rang drei führte. Und es hätte besser kommen können, doch »Zibi« war fürs Halbfinale gegen Italien gesperrt. Und dennoch hatte der Auftritt des schnauzbärtigen, rothaarigen Polen im Land des Weltmeisters Eindruck hinterlassen: Boniek wechselte als erster großer Ost-Star nach Westeuropa. Bei Juventus Turin wurde er mit Michel Platini Pokalsieger, Meister, gewann den Europapokal der Pokalsieger und den der Landesmeister gegen Liverpool in jenem grausamen Finale von Heysel, um das herum 39 Menschen starben.

ZBIGNIEW KAZIMIERZ »ZIBI« BONIEK

GEBOREN: 3. März 1956 in Bydgoszcz (Polen)
VEREINE: Widzew Łódź (1975–82), Juventus Turin (1982–85), AS Rom (1985–88)
LÄNDERSPIELE: 80 (24 Tore) für Polen (1976–88)

GIANLUIGI BUFFON

DER SOHN EINES KUGELSTOSSER-EHEPAARS – Mutter Maria dreifache italienische Meisterin, Vater Adriano Zweiter der Junioren-Europameisterschaft – begann seine Karriere als Mittelfeldspieler mit Vorbild Lothar Matthäus. Doch als der Deutsche bei der WM 1990 auftrumpfte, wechselte Buffon sein Idol: Jetzt war es der Kameruner Keeper Thomas N'Kono, über dessen Ausscheiden im Viertelfinale der WM 1990 gegen England Buffon weinte und wegen dem er im Alter von 12 Jahren beschloss, Torwart zu werden. Buffon sollte besser werden als sein Idol aus Afrika und erfolgreicherer dazu. Viermal – und damit einmal mehr als Oliver Kahn oder Iker Casillas – wählte man den Toskaner zum »Welttorhüter des Jahres«, und 2006 kam er bei der WM in Deutschland nicht nur ins Finale, er wurde auch Weltmeister. Nach langer Verletzungspause steht die Nummer eins von Juventus Turin inzwischen auch wieder im italienischen Nationaltor.

GIANLUIGI BUFFON

GEBOREN: 28. Januar 1978 in Carrara (Italien)
VEREINE: AC Parma (1995–2001), Juventus Turin (seit 2001)
LÄNDERSPIELE: 103 (0 Tore) für Italien (seit 1997)

CHA BUM-KUN

DAS ATTRIBUT, ERSTER SÜDKOREANISCHER Spieler der Fußball-Bundesliga gewesen zu sein, hätte nicht gereicht, um in dieses Buch zu geraten. Auch der Gewinn des UEFA-Cups mit Eintracht Frankfurt (1980) und Bayer Leverkusen (1988) hätte seine Berücksichtigung ebenso wenig gerechtfertigt wie sein ausgeprägter christlicher Glaube, der auf die angebliche Heilung einer schweren Knieverletzung durch einen Priester aus dem Jahre 1976 zurückgehen soll. Nein: Cha Bum-kun ist bis heute der erfolgreichste Fußballer seines Kontinents. Kein weiterer asiatischer Spieler hat im Ausland so viele Tore geschossen und Titel gewonnen wie Cha Bum-kun. Auch deswegen wurde er zu »Asiens Fußballer des Jahrhunderts« gekürt. Bis dahin war es ein harter Kampf – auch gegen die deftige deutsche Küche. »Ich hatte Angst vor jeder Mahlzeit«, gestand der an Reis und Gemüse gewohnte Cha Jahre später.

CHA BUM-KUN

GEBOREN: 22. Mai 1953 in Hwaseong (Südkorea)
VEREINE: Luftwaffensportclub Seoul (1971–78), SV Darmstadt 98 (1978/79), Eintracht Frankfurt (1979–83), Bayer 04 Leverkusen (1983–89)
LÄNDERSPIELE: 121 (55 Tore) für Südkorea (1972–86)

ÉRIC CANTONA

DIE INSZENIERUNG beherrscht Éric Cantona, keine Frage. Ob er Spots für einen Sportartikelhersteller drehte, in denen er als düsterer Potentat die Fußballerpuppen tanzen ließ. Ob er sich für Obdachlose einsetzte, Bilder malte, mit Ken Loach einen Film drehte oder auf der Bühne eines Pariser Theaters unter der Regie seiner Frau ein Opfer des Erdbebens von Haiti gab. Ob er Rimbaud, Rilke, Freud zitierte, oder, wie zuletzt, zum Sturm auf die Banken und das Finanzsystem blies. Éric Cantona war, ist und wird auch immer ein Gesamtkunstwerk abseits des Fußballplatzes bleiben.

Im Trikot auf dem Rasen erfuhr er im eigenen Land zwar Wertschätzung, hatte aber immer wieder Probleme mit seinen Trainern und Mitspielern, weil die ihn nicht sein ließen, wie er sein wollte. Zu einem Star wurde Cantona erst, als er – gerade mit Marseille französischer Champion geworden – 1992 nach England wechselte; zunächst zu Leeds United, wo er mit dem Club die erste Meisterschaft seit 1974 holte. Urplötzlich wechselte er dann noch Ende desselben Jahres zu Manchester United und half auch hier mit, eine lange Dürreperiode zu beenden: Am Ende von Cantonas Premierensaison in Old Trafford hatte United seit 26 Jahren mal wieder die Liga gewonnen, eine weitere Meisterschaft und der FA-Cup folgten im Jahr darauf. Und der Mann mit der Nummer sieben auf dem Rücken wurde zum Helden der Tribünen, weil sein Auftreten mitreißend und sein Einsatz kompromisslos war, mindestens einmal ein wenig zu kompromisslos.

Mit acht Monaten Sperre wurde Cantona im Januar 1995 bedacht, nachdem er im Spiel bei Crystal Palace zunächst vom Platz gestellt worden war und dann einen Fan der Heimmannschaft in Kung-Fu-Manier angesprungen hatte, weil dieser ihn beleidigt hatte. In der Pressekonferenz zu diesem Vorfall sagte er dann den berühmten Satz: »When the seagulls follow the trawler, it's because they think sardines will be thrown into the sea.« Was gelesen wurde als Bild von Cantonas Situation und den ihn verfolgenden Medienvertretern.

Der Kung-Fu-Tritt war es auch, der seiner Karriere in der französischen Nationalmannschaft ein Ende machte. Mit 21 Jahren hatte er gegen Deutschland debütiert und beim 1:2 gleich auch getroffen. Dann legte er sich mit Nationaltrainer Henri Michel an, den er als den »inkompetentesten Coach auf der ganzen Welt« bezeichnete. Unter Platini kehrte Cantona noch einmal ins Team zurück, 1995 war dann Schluss mit Länderspielfußball, zwei Jahre darauf dann auch komplett: »Mit 30«, sagte Éric Cantona über das plötzliche Ende seiner Laufbahn, »hatte ich den Eindruck, dass ich nicht mehr besser werden könnte.«

ÉRIC DANIEL PIERRE CANTONA

GEBOREN: 24. Mai 1966 in Marseille (Frankreich)

VEREINE: AJ Auxerre (1983–88), FC Martigues (ausgel. 1985/86), Olympique Marseille (1988–91), Girodins Bordeaux (ausgel. 1989), HSC Montpellier (ausgel. 1989/90), Olympique Nîmes (1991), Leeds United (1992), Manchester United (1992–97)

LÄNDERSPIELE: 45 (20 Tore) für Frankreich (1987–95)

UMBRO
MANCHESTER UNITED
FOOTBALL CLUB
SHARP

ROBERTO CARLOS

DIESER AUSSENVERTEIDIGER wird vor allem für seine schnellen Antritte, mehr aber noch für die fulminanten Weitschüsse in Erinnerung bleiben und natürlich für jenes Tor, das ihm im Trikot von Brasilien gegen Frankreich gelang. Beim Vorbereitungsturnier für die WM 1998 schoss Roberto Carlos in Lyon einen Freistoß aus 32 Metern Entfernung mit 202 Stundenkilometern auf das Tor von Fabien Barthez. Der Ball schien zunächst vorbeizufliegen, drehte sich dann aber aufgrund des ihm von Carlos mit dem Außenrist verpassten extremen Effets und zischte ins Netz hinein. Am erfolgreichsten war Roberto Carlos in seinen über 600 Spielen bei Real Madrid. Dreimal gewann er dort die Champions League, einmal den Weltpokal sowie vier Spanische Meisterschaften. Bemerkenswert: Der Vater von sieben Kindern ist, obwohl selbst Brasilianer, ein großer Bewunderer des argentinischen Fußballgottes Diego Armando Maradona.

ROBERTO CARLOS DA SILVA

GEBOREN: 10. April 1973 in Garça (Brasilien)
VEREINE: União São João (1990–93), Palmeiras São Paulo (1993–95), Inter Mailand (1995/96), Real Madrid (1996–2007), Fenerbahçe Istanbul (2007–09), Corinthians São Paulo (2010–11), Anschi Machatschkala (seit 2011)
LÄNDERSPIELE: 125 (11 Tore) für Brasilien (1992–2006)

IKER CASILLAS

ES WAR EIN DEUTSCHER TRAINER, unter dem Iker Casillas in die erste Mannschaft von Real Madrid hineinrutschte. Weil Torwart Bodo Illgner ausgefallen war, nahm Jupp Heynckes den damals 16-Jährigen Ende November 1997 als Ersatzkeeper mit zum Champions-League-Match bei Rosenborg Trondheim. Seit seinem neunten Lebensjahr spielte der in Móstoles nahe Madrid geborene Casillas bei Real, was er heute immer noch tut. Etwas anderes ist schlichtweg auch nicht vorstellbar. Inzwischen ist aus ihm ein Welt- und Europameister geworden. 2008, 2009 und 2010 wurde er zum »Welttorhüter des Jahres« gekürt, man nennt ihn den »heiligen Iker«. Bodenständig ist er geblieben: Als 19-jähriger Champions-League-Sieger fuhr er immer noch mit einem alten Renault zum Training. »Ich bin kein Galaktischer«, hat er mal gesagt, zu jener Zeit als Real Madrid die »Galaktischen« genannt wurden, »ich bin aus Móstoles.«

IKER CASILLAS FERNÁNDEZ

GEBOREN: 20. Mai 1981 in Móstoles (Spanien)
VEREINE: Real Madrid (seit 1999)
LÄNDERSPIELE: 117 (0 Tore) für Spanien (seit 2000)

BOBBY CHARLTON

ABGESEHEN VON SEINER GEBURT (und bis zur Drucklegung dieses Buches) lag Bobby Charlton nur ein einziges Mal im Krankenhaus. Das war nach dem Unglück im Februar 1958 am Flughafen München, als der Absturz einer Maschine 23 Menschenleben forderte, darunter acht Spieler der »Busby Babes« genannten Mannschaft von Manchester United, zu der auch Charlton zählte. Der damals 20-Jährige überlebte, weil er aus dem Flugzeug geschleudert worden war. Im Krankenhaus »Rechts der Isar« blieb er eine Woche zur Pflege.

ManU galt vor dieser Katastrophe als Mannschaft mit großer Zukunft, nicht nur in England, sondern in Europa. Jetzt mussten sie von Neuem beginnen, und der Mann, um den herum Trainer Matt Busby, der das Unglück in Bayern ebenfalls überlebt hatte, eine neue Mannschaft aufbaute, war Bobby Charlton.

Charlton bedeutete der Erfolg im Team alles, und wenn er mit seinen raumöffnenden Pässen oder zahlreichen Toren glänzen konnte, schön. Wenn er anderen helfen konnte, seine Leistung zu übertreffen, umso besser. In den Jahren nach München entwickelte sich der Blondschopf zum erfolgreichen Torjäger, United aber spielte sich erst mit dem Gewinn des FA-Cups 1963 unter die Topclubs Englands zurück, Meister wurden sie 1965, dann kam das Jahr 1966.

Seine erste von insgesamt drei Weltmeisterschaften hatte Charlton 1962 in Chile als Linksaußen gespielt, im Viertelfinale war gegen Brasilien Endstation gewesen. Vier Jahre später bei der WM im eigenen Land war Charlton der Antreiber der Gastgeber, sein bestes Spiel das 2:1 gegen Eusebios Portugal, in dem er beide Treffer erzielte. England, wir Deutschen erinnern uns, wurde Weltmeister, Charlton Europas »Fußballer des Jahres«, im Jahr darauf gewann er seine dritte und letzte Meisterschaft mit ManU.

Doch der größte Sieg seiner Karriere sollte noch folgen. 1968, zehn Jahre nach München, gewann Manchester United mit Charlton als erste englische Mannschaft den Europapokal der Landesmeister. Zwei Tore schoss der Kapitän im Finale von Wembley gegen Benfica Lissabon. »Diese Nacht war magisch«, sagte er später einmal. »Es war ein sehr emotionaler Abend.«

1970 nahm der inzwischen 32-jährige Charlton an seinem letzten WM-Turnier teil. Im Viertelfinale traf man auf Deutschland, und als Charlton beim Stand von 1:2 in seinem 106. Länderspiel ausgewechselt wurde, weil man ihn fürs Halbfinale schonen wollte, rettete Deutschland sich in die Verlängerung, gewann 3:2, und Bobby Charlton trat aus der Nationalelf zurück. Drei Jahre später war nach 758 Einsätzen für Charlton auch bei United Schluss.

SIR ROBERT »BOBBY« CHARLTON

GEBOREN: 11. Oktober 1937 in Ashington (England)

VEREINE: Manchester United (1954–73), Preston North End (1973–75), Waterford United (1976), Melbourne Victory (1976), Bangor City (1978), Newcastle KB United (1978), Blacktown City (1980)

LÄNDERSPIELE: 106 (49 Tore) für England (1958–70)

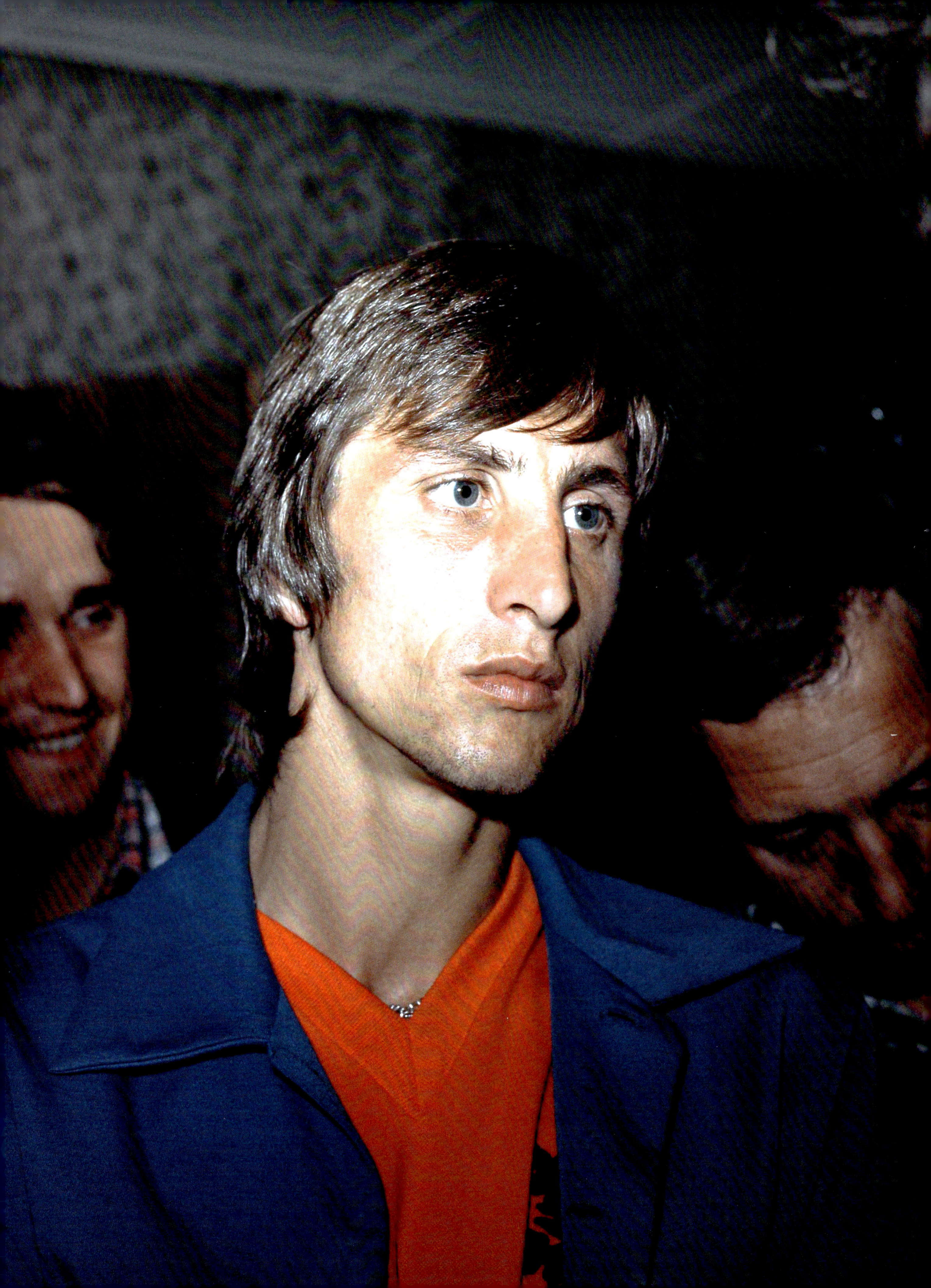

JOHAN CRUIJFF

JOHAN CRUIJFF WAR DER MANN zweier Clubs: von Ajax Amsterdam und des FC Barcelona. Bei beiden hat er als Spieler und Trainer gearbeitet, in beiden Clubs hat er tiefe Spuren hinterlassen. Auch weil er es stets verstand, das ganz große Klavier zu spielen. Als er nach neun Jahren in Amsterdam als Kapitän der Mannschaft, die sechs Meisterschaften, vier Pokale, vor allem aber dreimal hintereinander den Europapokal der Landesmeister gewonnen hatte, nach Barcelona wechselte, wusste er, wie man sich Freunde macht.

Er habe, sagte Cruijff, der gerade zum zweiten Mal zu Europas »Fußball des Jahres« gewählt worden war, nicht zu Real Madrid wechseln wollen, weil dieser Verein assoziiert sei mit dem Diktator Franco. Als im kommenden Jahr sein Sohn geboren wurde, gab Cruijff ihm den Namen des katalonischen Nationalheiligen Jordi. Das Spiel mit den Emotionen der anderen beherrschte Johan Cruijff, für ihn selbst wirkte sich sein impulsives Handeln nicht immer positiv aus – so war er der erste niederländische Nationalspieler, der in einem Länderspiel vom Platz gestellt wurde.

Der frühere argentinische Weltklassespieler Jorge Valdano, nach seiner aktiven Karriere Trainer und Sportdirektor bei Real Madrid, hat das Wesen des größten niederländischen Fußballers, des Mannes mit der Nummer 14 auf dem Trikot, einmal so beschrieben: »Wenn man sagt, Johan Cruijff spiele wie ein Gott, dann ist das nur die halbe Wahrheit. Was er eigentlich tat, war, Spiele zu regieren. Er organisierte, protestierte, erteilte Befehle, verlangte Erklärungen, und manchmal ließ er sich dazu herab, uns auch ein bisschen spielen zu lassen.« Cruijffs Einsatzgebiet war das gesamte Spielfeld, er holte sich die Bälle tief in der Defensive, verteilte sie mit Überblick und schoss vorn die Tore.

Bei Barcelona fiel Cruijffs Bilanz als Spieler auf den ersten Blick nicht üppig aus: In fünf Jahren gewann er eine Meisterschaft (1974) und einen Pokal (1978), dazu muss man jedoch wissen: Barca hatte seit 1960 keinen Meistertitel mehr gewonnen, was auch erklärt, warum Cruijff in Barcelona heute noch als »El Salvador«, der Retter, bezeichnet wird. Als Trainer war er ab 1988 erfolgreicher: Viermal in Serie wurde seine Mannschaft Meister, gewann den Pokal, den Europapokal der Pokalsieger (1989) und den der Landesmeister (1992).

Die schwerste Niederlage Cruijffs war das WM-Finale 1974. Bondscoach Rinus Michels hatte seine Mannschaft aufgeheizt, der 1928 Geborene sah in dem Spiel auch eine Art von Revanche für das Vorgehen Deutschlands in den Niederlanden während des Zweiten Weltkriegs. Kapitän Cruijff, der von Berti Vogts mit allen Mitteln verteidigt worden war und in der Nacht nicht geschlafen hatte, rauchte in der Halbzeitpause beim Stand von 1:2 eine Zigarette. Es nutzte nichts. Den Niederländern, die fraglos beste Mannschaft im Turnier, und ihrem besten Spieler Johan Cruijff gelang kein Tor mehr.

HENDRIK JOHANNES CRUIJFF

GEBOREN: 25. April 1947 in Amsterdam (Niederlande)

VEREINE: Ajax Amsterdam (1964–73), FC Barcelona (1973–78), Los Angeles Aztecs (1979/80), Washington Diplomats (1980/81), UD Levante (1981), Ajax Amsterdam (1981–83), Feyenoord Rotterdam (1983/84)

LÄNDERSPIELE: 48 (33 Tore) für die Niederlande (1966–77)

COCA-COLA

KENNY DALGLISH

NUR EIN SCHOTTE hat mehr als 100 Länderspiele für sein Land absolviert. 102 sind es exakt, die der in Glasgow geborene Kenny Dalglish hinter sich gebracht hat. Und man braucht kein großer Fachmann zu sein, um zu ahnen, dass der Stürmer seine größten Erfolge nicht unbedingt mit der Nationalmannschaft erreicht hat.

Von den 30 Toren, die er für sein Land schoss, sind zwei bei den Fans in besonders guter Erinnerung. 1976 empfingen die Schotten ihren Lieblingsgegner England im Glasgower Hampden Park, und Dalglish tunnelte Englands Keeper Ray Clemence zum 2:1-Siegtreffer. Ein Jahr später, diesmal war Wembley Schauplatz, traf Dalglish erneut gegen England, und wieder gewann Schottland 2:1.

Im Alter von 16 Jahren wurde Dalglish von Trainerlegende Jock Stein zu Celtic Glasgow gelotst, was insofern interessant war, als Dalglish seit jeher ein Fan der Celtic-Erzrivalen Rangers gewesen ist. Angeblich riss er beim Besuch des Celtic-Abgesandten erst einmal die Rangers-Poster von den Wänden, bevor der Herr ins Zimmer kommen durfte.

Bei Celtic war der Anfang schwer, Dalglish musste im Mittelfeld ran, aber meistens saß er auf der Bank. Es wurde besser, Dalglish spielte offensiver, traf und traf, schoss mehr als 100 Ligatore, sechsmal wurde er Meister, viermal schottischer Pokalsieger.

Dann wechselte er zu Liverpool, das einen Nachfolger für den vom Hamburger SV weggekauften Kevin Keegan suchte. Die damalige britische Rekordtransfersumme von umgerechnet 1,8 Millionen Mark musste Liverpool für Dalglish zahlen. Und der zahlte zurück: 20 Ligatore in seiner ersten Saison und jenes zum 1:0-Sieg über den FC Brügge, das Liverpool den Europapokal der Landesmeister bescherte.

Im Jahr darauf schoss Dalglish 21 Tore in der Meisterschaft, was den Titel für das Team von der Anfield Road und für Dalglish die Auszeichnung »Spieler des Jahres« bedeutete. 1980, 1982, 1983 und 1984 folgten vier weitere Meisterschaften, 1981 und 1984 zwei weitere europäische Landesmeistertitel. Liverpool war die Mannschaft in England, in Europa, und »King Kenny« war der große Mann im Team.

1985 läutete Dalglish dann den zweiten Teil seiner Karriere im Fußball ein: er wurde Spielertrainer bei Liverpool und setzte sich selbst erst mal auf die Ersatzbank. In seinem ersten Jahr als Trainer gewann er das Double, zwei weitere Meisterschaften (1988, 1990) und zwei FA-Cups (1986, 1989) folgten. International waren englische Clubs in Folge der Heysel-Katastrophe gesperrt. Die hatte Kenny Dalglish als Liverpool-Spieler hautnah miterleben müssen. Er erinnerte später daran, dass Liverpool die Wahl des maroden Heysel-Stadions vor dem Finale gegen Juventus kritisiert hatte – der UEFA war's egal gewesen. 39 Menschen starben rund um dieses Europapokalfinale 1985.

KENNETH MATHIESON DALGLISH

GEBOREN: 4. März 1951 in Glasgow (Schottland)
VEREINE: Celtic Glasgow (1968–77), FC Liverpool (1977–90)
LÄNDERSPIELE: 102 (30 Tore) für Schottland

adidas
crown
paints

MARCEL DESAILLY

»GELD, EGO, NEID, ANGST«, mit diesen Attributen hat Marcel Desailly in seiner Autobiografie das Profigeschäft beschrieben. Was wenig hat von jenem Märchen, das Odonkey Abbey erlebte, bevor er in seiner Heimatstadt Accra den französischen Konsul Marcel Louis Desailly traf. Der Mann verliebte sich in Odonkeys Mutter und nahm sie mitsamt dem vierjährigen Odonkey und dessen zwei Geschwistern mit ins nordfranzösische Nantes. Marcel, wie er fortan hieß, zeigte großes Talent, reifte zum besten Defensivakteur seiner Zeit, was auch den Potentaten nicht verborgen blieb. Bei Marseille hieß sein Clubeigner Bernard Tapie, bei Milan war es Silvio Berlusconi, bei Chelsea schließlich Roman Abramowitsch. Desailly gewinnt die Champions League mit Marseille (1993) und Milan (1994), er wird Welt- und Europameister mit Frankreich und Kapitän der Nationalmannschaft jenes Landes, in das er als kleines Kind eingewandert war.

ODONKEY ABBEY

GEBOREN: 7. September 1968 in Accra (Ghana)

VEREINE: FC Nantes (1986-92), Olympique Marseille (1992/93), AC Mailand (1993-98), FC Chelsea (1998-2004), Al-Gharafa (2004/05) Qatar Sports Club (2005)

LÄNDERSPIELE: 116 (3 Tore) für Frankreich (1993-2004)

DIDIER DESCHAMPS

SEIN LANDSMANN und Nationalmannschaftskollege Éric Cantona war einer der wenigen Menschen, die sich jemals abfällig über Didier Deschamps geäußert haben. Deschamps sei, sagte Cantona, nicht mehr als ein Wasserträger, ein Fußballspieler, wie man ihn an jeder Straßenecke finden könne. Angesichts einer solch mageren Bewertung hat *DD* dann aber doch eine mehr als durchschnittliche Karriere hingelegt. Mit Olympique Marseille und Juventus Turin gewann er neben mehreren Landesmeisterschaften die Champions League. Der größte Moment für den kleinen Südfranzosen aber war der Gewinn der WM 1998 im eigenen Land. Deschamps war der Kapitän der Équipe tricolore, die im Finale Brasilien mit 3:0 schlug. Zwei Jahre später folgte – erneut unter Kapitän Deschamps – der Gewinn der Europameisterschaft. Nach dem Turnier in den Niederlanden und Belgien beendete ein unglückliches Gastspiel in Valencia eine große Karriere.

DIDIER DESCHAMPS

GEBOREN: 15. Oktober 1968 in Bayonne (Frankreich)
VEREINE: FC Nantes (1985–89), Olympique Marseille (1989/90), Girondins Bordeaux (1990/91), Olympique Marseille (1991–94), Juventus Turin (1994–99), FC Chelsea (1999/2000), FC Valencia (2000/01)
LÄNDERSPIELE: 103 (4 Tore) für Frankreich (1989–2000)

DIDÍ

IM JAHRE 1958, als Brasilien seinen ersten von inzwischen fünf Weltmeistertiteln gewann, war Valdir Pereira, genannt Didí, trotz des eindrucksvollen Auftritts des 17-jährigen Pelé der Star der Mannschaft. Folgerichtig wurde er auch zum besten Spieler des Turniers gewählt. Der Mittelfeldspieler von Botafogo Rio de Janeiro führte überragend und elegant Regie. Didí bestimmte das Spiel der Seleção. Als seinen »großen Bruder« hat Pelé ihn einmal beschrieben: »Fußball zu spielen war für ihn so einfach, wie eine Orange zu schälen.« Schon auf dem Weg zu diesem epochalen Erfog bei der WM in Schweden hatte Didí sich unsterblich gemacht.

Brasilien gegen Peru vor 200 000 Fans im Maracana von Rio, jenem Stadion, in dem Didí acht Jahre zuvor beim Einweihungsspiel als Jugendspieler das allererste Tor geschossen hatte. Acht Minuten sind es noch, 0:0 der Spielstand, nur der Sieger dieser Partie der Südamerika-Qualifikation darf zur WM nach Nordeuropa. Ein Freistoß für Brasilien am Strafraum der Peruaner wird gegeben. Didí tritt an und kickt den Ball mit seinem rechten Innenrist in Richtung Tor, er geht darüber hinweg, denken alle, doch dann stürzt der Ball urplötzlich hinunter, fällt ins Netz, und Brasilien ist doch noch bei der WM dabei. Als »La folha seca«, als trockenes, heruntersegelndes Blatt, wird diese von Didí in der Welt eingeführte Effetschusstechnik in Brasilien bis heute bezeichnet.

1959 verließ Didí Brasilien, wechselte zu Real Madrid, was sich als Fehler herausstellen sollte. Weder mit der Art des Spiels kam der brasilianische Regisseur zurecht, noch mit seinem Über-Mannschaftskollegen Alfredo di Stéfano, der es nicht ertragen konnte, nicht mehr der alleinige Superstar der Mannschaft zu sein. Nach nur 19 Saisonspielen kehrte Didí zu Botafogo zurück.

Das WM-Finale von 1962, der 3:1-Sieg gegen die Tschechoslowakei in Santiago de Chile, war Didís letzter Auftritt als Nationalspieler. Viele sagen, dass das überalterte brasilianische Team, das zudem auf den verletzten Pelé verzichten musste, ohne die Klasse des 34-jährigen Didí den Titel nie und nimmer hätte verteidigen können.

Der Autor Eduardo Galeano hat Didí wegen seiner hageren, aufrechten Statur einmal als »äthiopischen Prinzen« beschrieben. »So schien Didí wie eine geschnitzte afrikanische Figur, die jemand mitten aufs Spielfeld gesetzt hatte. Dort war er Herr und Meister. Von dort schoss er seine vergifteten Pfeile ab.«

VALDIR PEREIRA

GEBOREN: 8. Oktober 1928 in Campos dos Goytacazes (Brasilien)

GESTORBEN: 12. Mai 2001 in Rio de Janeiro (Brasilien)

VEREINE: Americano (1946), Lençoense (1946–48), Madureira (1948/49), Fluminense (1949–56), Botafogo (1956–59), Real Madrid (1959/60), Botafogo (1960–62), Botafogo (1964), São Paulo (1964), Botafogo (1964/65), CD Veracruz (1965/66), São Paulo (1966)

LÄNDERSPIELE: 68 (20 Tore) für Brasilien (1952–62)

DIDIER DROGBA

ER ZÄHLT ZU DEN 100 einflussreichsten Menschen der Erde. Das jedenfalls haben 2010 die Redakteure des »Time magazine« entschieden, weil Didier Drogba sich in seinem vom Bürgerkrieg geplagten Heimatland Elfenbeinküste für Frieden und Wiederaufbau eingesetzt hatte. Im Alter von fünf Jahren hatten ihn seine Eltern erstmals zum Onkel, dem Profifußballer Michel Goba, nach Frankreich geschickt, später blieb Didier ganz in Europa. Nach seinen 17 Treffern für den Underdogclub Guingamp in Frankreichs Ligue 1 holte ihn kurz Olympique Marseille, ehe ihn José Mourinho und Chelsea lockten. In seinen ersten fünf Jahren in der Premier League verhalfen Drogbas Tore – oft waren sie entscheidend – Chelsea zu drei Meisterschaften und FA-Cups sowie zwei League Cups. Zweimal wurde Drogba Torschützenkönig in England, zweimal Afrikas »Fußballer des Jahres«. Fast unnötig zu erwähnen, dass er Rekordtorschütze seines Landes ist.

DIDIER YVES DROGBA TÉBILY

GEBOREN: 11. März 1978 in Abidjan (Elfenbeinküste)
VEREINE: UC Le Mans (1997–2002), EA Guingamp (2002/03), Olympique Marseille (2003/04), FC Chelsea (seit 2004)
LÄNDERSPIELE: 73 (46 Tore) für Elfenbeinküste (seit 1999)

ARSENIO ERICO

WAS ALS WOHLTÄTIGKEITSTOUR einer Fußballmannschaft des Roten Kreuzes ins Nachbarland Argentinien begann, endete für Paraguays größten Fußballer als Start in ein neues Leben. Der junge Stürmer Arsenio Erico wurde vom Hauptstadtclub Independiente entdeckt, spielte mehr als 13 Jahre für die »roten Teufel« und erzielte in 332 Spielen sagenhafte 293 Tore, womit er heute noch die ewige Torschützenliste der argentinischen Liga anführt. Man nannte Erico auch den »roten Springer«, weil er extrem lang in der Luft stehen konnte, um die Flankenbälle seiner Mitspieler ins Tor zu köpfen. Der große Alfredo di Stéfano gestand einmal, Erico sei jener Spieler gewesen, der ihn am meisten inspiriert habe. Im Jahre 1977 starb Erico in Argentinien und wurde dort beigesetzt – zum Missmut seiner Landsleute. Als die Überreste der Legende Ende Februar 2010 endlich nach Paraguay überführt wurden, feierten Tausende Ericos schlussendliche Heimkehr.

ARSENIO PASTOR ERICO MARTÍNEZ

GEBOREN: 30. März 1915 in Asunción (Paraguay)
GESTORBEN: 23. Juli 1977 in Buenos Aires (Argentinien)
VEREINE: Nacional (1930–33), Independiente (1933–46), Huracán (1946/47), Nacional (1947–49)
LÄNDERSPIELE: 56 (26 Tore) für Paraguay (1933–34)

EUSÉBIO

DAS JAHR 1966 war im Fußball zumindest das Jahr von Portugal, vor allem aber das von Eusébio. Bei der WM in England belegten die Portugiesen Rang drei, Eusébio, bereits amtierender Weltfußballer und »Fußballer des Jahres« in Europa, wurde dank seiner neun Treffer nicht nur WM-Torschützenkönig, er wurde Weltstar. Nur Weltmeister wurde er nicht. 1966 in England blieb Platz drei, auch weil ihm im Halbfinale gegen die Gastgeber der fiese Nobby Stiles zusetzte, Eusébio traf nur per Elfmeter. Es blieb seine einzige Weltmeisterschaft.

Geboren worden war Eusébio 1942 in der portugiesischen Kolonoie Mosambik, das Rennen um den ersten Profivertrag des Ausnahmetalents machte Benfica Lissabon. Rivale Sporting versuchte zwar, vor Gericht Ansprüche durchzusetzen - vergeblich. Der Vertrag, den die alleinerziehende Mama Elisa für ihren minderjährigen Sohn, eines von acht Kindern, mit Benfica unterschrieben hatte, behielt Gültigkeit.

Mit 18 debütierte Eúsebio für Benfica Lissabon, das 1961 - noch ohne Eusébio - die Siegesserie von Real Madrid im Europapokal der Landesmeister unterbrochen hatte. Als man im Jahr darauf gegen Real im Finale von Amsterdam stand, gewann Lissabon mit 5:3, zwei Tore schoss Eusébio. Im Finale 1963 traf der 21-Jährige erneut, doch José Altafini erzielte Ausgleich und Siegtreffer für den AC Milan. Auch die Finals 1965 gegen Inter Mailand (0:1) und 1968 gegen Manchester United (nach Verlängerung) sollten verloren gehen.

Eusébio konnte außergewöhnlich gut dribbeln, er war beidfüßig und er war ungeheuer torhungrig. Zweimal wurde er Torschützenkönig in Europa, 1137 Tore sollen es insgeamt gewesen sein, die der »schwarze Panther« im Laufe seiner Karriere erzielt hat. Man hat ihn mit Pelé verglichen, was Eusébio aber immer ablehnte, weil er fand, dass der Brasilianer von einer anderen Klasse sei. Dabei hatte er ihn im direkten Vergleich - dem einzigen direkten zwischen den beiden - sogar geschlagen.

Bei einem Freundschaftsturnier in Frankreichs Hauptstadt Paris traf Benfica 1961 auf Pelés FC Santos. Zwar gewannen die Brasilianer mit zwei Toren ihres Stars 6:3, Eusébio aber gelangen sämtliche Treffer für die Portugiesen. Die Fachgazette »France Football« schrieb: Pelé - Eusébio 2:3.

Trotz seiner Klasse zahlte Benfica seinem Star ein schlappes Gehalt. Und als Eusébio nach seinen großartigen Auftritten bei der WM in England - insbesondere dem 5:3-Sieg nach 0:3-Rückstand gegen Nordkorea mit vier Eusébio-Toren - hoch dotierte Angebote von Inter Mailand und Juventus Turin erhielt, erklärte Portugals Diktator Salazar den Kicker als unverkäuflich. Obwohl er viel für ein positives Image seines Landes in der Welt getan hatte, behandelte man den dunkelhäutigen Mann aus der Kolonie, wie man dunkelhäutige Menschen aus den Kolonien zu dieser Zeit in Portugal behandelte: Eusébio blieb ein Sklave.

EUSÉBIO DA SILVA FERREIRA

GEBOREN: 5. Januar 1942 in Lourenço Marques (Portugiesisch-Ostafrika)
VEREINE: Sporting Lourenço Marques (1957–60), Benfica Lissabon (1960–75), Rhode Island Oceaneers (1975), Boston Minutemen (1975), CF Monterrey (1975/76), SC Beira-Mar (1976/77), Las Vegas Quicksilvers (1977), UFCI Tomar (1977), New Jersey Americans (1977/78), Buffalo Stallions (1979/80)
LÄNDERSPIELE: 64 (41 Tore) für Portugal (1961–73)

GIACINTO FACCHETTI

EIN MANN, EIN VEREIN. Zeit seines Profilebens hat der Italiener Giacinto Facchetti nur für einen Club gespielt. Im Alter von 18 Jahren wechselte er als Stürmer zu Inter Mailand, wurde dort zu einem Ausnahme-Verteidiger umgeschult. 18 Jahre lang trug Facchetti das blau-schwarze Trikot, war lange Jahre Kapitän, gestorben ist er als Präsident des Clubs im Alter von 64 Jahren an Krebs.

Mit Inter gewann Facchetti vier Meisterschaften (1963, 1965, 1966 und 1971), zweimal den Europapokal der Landesmeister und den Weltpokal (1964 und 1965). Der 1,88 Meter große, knackige Linksverteidiger mit kontrolliertem Offensivgeist galt in seiner Zeit als Weltbester auf dieser Position, auch weil er über eine überdurchschnittliche Geschwindigkeit verfügte. Und Facchetti bewies, dass der von seinem Vereinstrainer Helenio Herrera maßgeblich geprägte Catenaccio auch auf energischen Vorwärtsbewegungen des verteidigenden Personals basierte. »Der moderne Fußball«, dozierte Herrera einmal, »wird von Verteidigern beherrscht, die eisern bei ihrem Mann bleiben können und angreifen können.« Darin blieb Facchetti lange unerreicht.

Der Mann, der äußerlich überhaupt nicht dem Bild des klassischen Italieners entsprach, auch weil er sich in der Freizeit gerne im englischen Gentlemenschick kleidete, bestritt 94 Länderspiele, 70 davon als Kapitän, darunter auch jenes legendäre Jahrhundertspiel gegen Deutschland bei der WM 1970 in Mexiko-City, das die Italiener mit 4:3 nach Verlängeurng gewannen. Facchettis größter Erfolg im blauen Nationalmannschafttrikot aber blieb der eines Europameisters im eigenen Land, und dies mit viel Fortune. Denn im Halbfinale gegen die Sowjetunion kam es - nach 0:0 n. V., ein Elfmeterschießen sah das Reglement nicht vor - zu einem Münzwurf. Im Finale benötigten die Italiener schließlich ein Wiederholungsspiel gegen Jugoslawien, um den Titel zu gewinnen.

In den 1970er-Jahren ging die erfolgreiche Ära von Inter dem Ende entgegen. Facchetti blieb bis 1978, erlebte die Niederlage im europäischen Landesmeisterfinale gegen das famose Ajax Amsterdam und Johan Cruijff mit und gewann zum Ende seiner Karriere, ohne im Finale eingesetzt zu werden, den italienischen Pokal. Seinem exzellenten Ruf konnten auch zwei schmachvolle Momente nichts anhaben, die hier nicht vorenthalten werden sollen: Bei seiner ersten WM-Teilnahme 1966 war es Facchettis Gegenspieler Pak Do Ik, dem das entscheidende Tor beim peinlichen 0:1 gegen Nordkorea gelang, und in seinem 475. Ligaspiel, seinem letzten, verabschiedete sich die Legende Giacinto Facchetti von seinem Publikum mit einem Eigentor.

GIACINTO FACCHETTI

GEBOREN: 18. Juli 1942 in Treviglio (Italien)
GESTORBEN: 4. September 2006 in Mailand (Italien)
VEREINE: Inter Mailand (1960–78)
LÄNDERSPIELE: 94 (3 Tore) für Italien (1963–77)

7
ANGOLA / PORTUGAL
11/06/2006

LUÍS FIGO

DER PORTUGIESE Luís Figo war der letzte große Langsamtechniker des Fußballs. Seine Spielweise war melancholisch, sein Gesichtsausdruck überwiegend stimmungsneutral, eingefroren wie der einer Schaufensterpuppe. Figo war schweigsam, und das war er auch schon zu jenen Tagen, als sein Ausnahmekönnen in der Jugendabteilung von Sporting Lissabon aufschien.

Figo spielte bereits in Portugals erster Liga, als er mit der U-20-Nationalmannschaft 1991 im eigenen Land Weltmeister wurde. Aber seine Heimat erwies sich für den im Spiel stets ungeheuer stark transpirierenden Mittelfeldspieler als zu klein. Bis zu seinem Wechsel zum FC Barcelona gewann er mit Sporting gerade mal einen nationalen Titel, den des Pokalsiegers 1995.

In Barcelona wuchs Figo unter seinen Trainern Cruijff, Robson und van Gaal zum Kopf einer Mannschaft heran, die drei Europapokale und zwei Meistertitel gewann. Figo wurde zum Überhelden der blaugranischen Religion, und als er bei der Europameisterschaft 2000 zum besten Spieler des Turniers gekürt wurde, verriet er sie alle. Er trat zu ihrem ärgsten Feind über: Real Madrid. Dass die Madridistas die Rekordtransfersumme von 60 Millionen Euro für Figo überweisen mussten, änderte am Groll nichts. Und wie tief der saß, durfte der Portugiese noch zweieinhalb Jahre später erfahren, als er ins Camp Nou zurückkehrte: Als Figo zur Ausführung eines Eckballs ansetzte, warfen sie ihm von den Rängen einen Schweinskopf vor die Füße.

Da hatte Figo mit Madrid schon Meisterschaft (2001), Champions League und Weltpokal (2002) gewonnen, und er war zum besten Fußballer Europas (2000) und der Welt (2001) gewählt worden. 2003 schafft er seine letzte Meisterschaft mit den »Galaktischen«, im Jahr darauf wird er Vizeeuropameister im eigenen Land, die Finalniederlage der Künstler gegen die Zweckfußballer aus Griechenland war eine nationale Katastrophe.

Als Luís Figo zu Inter Mailand wechselt, ist er 32 Jahre, und seine größten Jahre sind vorbei. Er ist oft verletzt, am Ende hat er in vier Jahren jedoch vier italienische Meisterschaften gewonnen, Figo ist fürs Schöne in einer Mannschaft zuständig, die Fußball erfolgreich abarbeitet. Eigentlich wollte er schon 2008 bei Inter aufgehört haben. Er sondierte Angebote aus Libyen und den Emiraten und entschied sich dann aber doch nur für eine weitere Saison mit den Mailändern, nicht zuletzt, weil die Figos Landsmann José Mourinho als Trainer verpflichtet hatten. »Der italienische Fußball ist sehr taktisch und setzt sehr auf Körperstärke«, sagt Figo zum Abschied. »In Spanien wollen sie einfach schönen Fußball spielen, hier habe ich so viel gearbeitet wie noch nie.«

LUÍS FILIPE MADEIRA CAEIRO FIGO

GEBOREN: 4. November 1972 in Almada (Portugal)
VEREINE: Sporting Lissabon (1989–95), FC Barcelona (1995–2000), Real Madrid (2000–05), Inter Mailand (2005–09)
LÄNDERSPIELE: 127 (32 Tore) für Portugal (1991–2006)

ELÍAS RICARDO FIGUEROA

CHILE IST KEIN LAND, das, um es vorsichtig auszudrücken, allzu großen Eindruck hinterlassen hat im Fußball – er schon. Elías Ricardo Figueroa war Chiles mit Abstand bedeutendster Spieler und darüber hinaus einer der besten zentralen Abwehrspieler der Welt. Weder Pelé noch Maradona war es vergönnt, dreimal in Folge zu Südamerikas »Fußballer des Jahres« gewählt zu werden – Figueora schon, zwischen 1974 und 1976. Er war ein ungeheur eleganter Spieler, bewegte sich besonnen im Abwehrzentrum, weswegen man ihn oft mit seinem Zeitgenossen Franz Beckenbauer verglichen hat und ihm den Groß-Beinamen »Don Elías« gab. Die wichtigste Gabe Figueroas aber war seine ungeheuerliche Antizipation, die ihn die gegnerischen Spielzüge oft rechtzeitig entschärfen ließ, um dann mit öffnenden Pässen Konterangriffe zu starten. Drei Weltmeisterschaftsendrunden (1966, 1974 und 1982) absolvierte er als Kapitän, doch Figueroas Klasse allein reichte nicht, um Chile auch nur einmal über die Vorrunde hinauszubringen.

ELÍAS RICARDO FIGUEROA BRANDER

GEBOREN: 25. Oktober 1946 in Valparaíso (Chile)
VEREINE: Unión La Calera (1964), Santiago Wanderers (1965/66), Peñarol (1967–71), Internacional (1971–77), Palestino (1977–80), Fort Lauderdale Strikers (1981/82), Colo-Colo (1982/83)
LÄNDERSPIELE: 47 (2 Tore) für Chile (1966–82)

JUST FONTAINE

13-MAL TRAF der in der französischen Provinz Marrakesch geborene Just Fontaine bei der WM 1958 ins gegnerische Tor – in fünf Partien. Im Halbfinale schieden die Franzosen gegen den späteren Titelträger Brasilien aus, im Spiel um Platz drei schoss »Justo« gegen Titelverteidiger Deutschland dreimal ein. Dabei war der schnelle Fontaine nur als Ersatz für seinen verletzten Reimser Clubkollegen René Bliard in die erste Elf gerutscht. Fontaines Nationalmannschaftstraumquote – 1,43 Tore pro Einsatz – erreichte er in Frankreichs höchster Spielklasse bei 165 Treffern und 200 Spielen nicht ganz. Als 19-Jähriger hatte er dort in Nizza begonnen, und nachdem er erstmals Meister geworden war, wechselte »Monsieur Dynamite« zu Stade Reims. In sechs Jahren gewann er drei Meisterschaften, einmal erreichte er das Europapokalfinale der Landesmeister. Fontaines Karriere endete mit 28 Jahren wegen wiederholten Beinbruchs, später bekannte er: »Ich hätte gern fünf, sechs Jahre Fußball gegen den Rekord getauscht.«

JUST FONTAINE

GEBOREN: 18. August 1933 in Marrakesch (Marokko)
VEREINE: USM Casablanca (1950–53), OGC Nizza (1953–56), Stade Reims (1956–62)
LÄNDERSPIELE: 21 (30 Tore) für Frankreich (1953–60)

ENZO FRANCESCOLI

WIE VIELE SUPERSTARS des Fußballs aus Berlin kennen Sie? Danke.

Uruguay hat wie Berlin 3,5 Millionen Einwohner und verfügt traditionell über großartige Fußballspieler. Einer von diesen heißt Enzo Francescoli. Und um dessen Stellenwert zu ermessen, muss man gar nicht erst den Franzosen Zinédine Zidane bemühen, der seinem Sohn den Vornamen des uruguayanischen Ballkünstlers gab.

Francescoli war gerade einmal 17 Jahre alt, als sie ihm in seiner Heimat »El principe« (»der Fürst«) riefen. Drei Jahre später überquerte er als Nationalspieler den Rio de la Plata, da ging es mit seiner Karriere steil bergauf. Im Land des Rivalen Argentinien hatte der Uruguayaner aus mehr als gutbürgerlichen Verhältnissen – seine Familie zählt zu den reichsten in Uruguay – eine Anstellung bei River Plate erhalten. Buenos Aires wurde seine neue Heimat. River die Liebe seines Lebens.

Es dauerte zwei Jahre, da wurde der elegante, leichtfüßige Offensivspieler zum besten Fußballer Südamerikas gewählt, er wurde Torschützenkönig der argentinischen Liga. Weil er über eine exzellente Schusstechnik verfügte, war Francescoli insbesondere bei Standards und aus der Distanz gefürchtet. 1986 schaffte er mit River seinen ersten Meistertitiel, wieder war er Torschützenkönig. Francescolis Lieblingsposition war die hinter den Spitzen, da konnte er, der kein Tempospieler war, dann entscheiden, ob er jemand anderen in Szene setzen oder doch gleich selbst abschließen wollte. Für seine Mannschaftsdienlichkeit war er bekannt.

Bei seinen beiden Teilnahmen an WM-Endrunden (1986 und 1990) kam er mit Uruguay jeweils nicht über das Achtelfinale hinaus. Es sind die Jahre Francescolis im europäischen Vereinsfußball, eine sportlich überwiegend vertane Zeit: 1986 erhielt er einen Vertrag bei Racing Paris, nach dem Turnier in Italien 1990 wechselte er zum Aufsteiger US Cagliari. In Paris spielte er in einer sinnlos zusammengekauften Mannschaft, in der auch der Kölner Pierre Littbarski ein Gastspiel gab. Francescoli wollte weg, aber er musste seinen Dreijahresvertrag erfüllen. Kurz ging er zu Olympique Marseille, wurde in einer Saison Meister und erreichte das Halbfinale im Europapokal der Landesmeister. 1990 nach der WM kauft ihn der italienische Erstliga-Aufsteiger US Cagliari, dessen Ziel in drei Jahren stets der Klassenerhalt war. Als der klamme Club Geld benötigt, wird Francescoli zum AC Turin verkauft, nach einem frustrierenden Jahr kehrt er endlich heim.

Mit 33 Jahren unterschreibt er bei River, und es ist wie früher, nur besser: 1994, 1995, 1996 und 1997 wird er Meister. Bei der Copa America führt er Uruguay 1995 zum dritten Titel nach 1983 und 1987. Er wird Südamerikas »Fußballer des Jahres«, und 1996 gewinnt er mit River dann sogar noch die Copa Libertadores – was für ein irres Finish.

ENZO FRANCESCOLI URIARTE

GEBOREN: 12. November 1961 in Montevideo (Uruguay)

VEREINE: Montevideo Wanderers FC (1980–82), CA River Plate (1982–86), Racing Club Paris (1986–89), Olympique Marseille (1989/90), Cagliari Calcio (1990–93), Torino Calcio (1993/94), CA River Plate (1994–97)

LÄNDERSPIELE: 73 (17 Tore) für Uruguay (1982–97)

GARRINCHA

»HIER RUHT IN FRIEDEN der, der die Freude der Leute war«, steht auf seinem Grabstein. Solange er einen Ball am Fuß hatte, war Garrincha glücklich. Ein Instinktfußballer, ein verspielter Dribbelkönig mit fixem Antritt, der einen soeben ausgetricksten Verteidiger am liebsten gleich noch einmal vorführen wollte. Auf dem Platz war Garrincha der »Engel mit den krummen Beinen«, weil er links ein O- und rechts ein X-Bein hatte, sein linkes Bein war sechs Zentimeter kürzer als das rechte, wenn man ihn ansah, meinte man, er müsse gleich umkippen.

Ohne Ball und abseits des Rasengevierts wurde es duster. Im Trikot entschied Garrincha aus dem Bauch heraus, im wirklichen Leben scheiterte er. Garrinchas Vater war Alkoholiker, er wurde es auch. Lesen und schreiben konnte er nicht. Wegen der Sängerin Elza Soares verließ er seine Frau und die sieben gemeinsamen Kinder. Nach 15 Jahren verließ die Sängerin Garrincha, weil sie dessen Suff, Schläge und Seitensprünge nicht mehr ertrug; Elza selbst hatte eine Affäre mit Garrinchas Nationalmannschaftkollegen Pelé. Mit dem Geld, das Garrincha verdiente, wusste er nicht umzugehen. Doch die Menschen liebten ihn. Sie liebten den großen Ballkünstler, den scheuen Mann, der ein großer Versager war. Geboren wurde Garrincha, als Manoel Francisco dos Santos in Pau Grande, Provinz Rio de Janeiro. Seine Eltern waren schwarz-indianischer Herkunft. »Garrincha« nannte man ihn nach einem Urwaldvogel.

Das professionelle Fußballspielen beginnt für Garrincha 1953 bei Botafogo im Alter von 19 Jahren, als er im Training den Nationalverteidiger Nilson Santois vorführt. Vor der WM-Endrunde 1958, bei der Brasilien seinen ersten WM-Titel gewann, hatte ein Psychologe Garrincha bescheinigt, er sei geistig zurückgeblieben, verfüge über ein unterentwickeltes Agressionsniveau, von einer Nomierung sei abzusehen. Die Verantwortlichen nahmen ihn trotzdem mit, im Turnier entwickelte Garrincha sich zum wichtigen Vorbereiter für Goalgetter Pelé. Das war der Durchbruch in der Seleção, mit der nur ein einziges Mal unterlag: 1966 bei der WM gegen Ungarn (1:3), es war der 50. und letzte Länderspieleinsatz Garrinchas.

Bereits 1962 hatten bei der WM in Chile Knieprobleme eingesetzt, die Garrincha ignoriert hatte, 1965 war eine Operation unumgänglich geworden. Zu alter Klasse fand er danach nicht mehr, dafür suchte er verstärkt Halt im Alkohol. Er produzierte Autounfälle in Serie. Selbstmordversuche folgten. 1983 fiel Garrincha nach einer Sauftour ins Koma, zwei Tage später war der 49-Jährige tot. Diagnose: Leberzirrhose.

MANOEL FRANCISCO DOS SANTOS

GEBOREN: 28. Oktober 1933 in Pau Grande (Brasilien)
GESTORBEN: 20. Januar 1983 in Rio de Janeiro (Brasilien)
VEREINE: Botafogo (1953–65), Corinthians (1966), Atlético Junior (1968), Flamengo (1968/69), Olaria AC (1972)
LÄNDERSPIELE: 50 (12 Tore) für Brasilien (1955–66)

9

PAUL GASCOIGNE

AUF DIESEM FOTO sieht man ihn nicht, den Selbstzerstörungsknopf, mit dem Paul Gascoigne versehen ist und den er in regelmäßigen Abständen betätigt hat. Aber wahrscheinlich hätte alles auch nicht einfach anders kommen können für den aus einfachen Verhältnissen stammenden Jungen aus Gateshead, der Stadt, die gegenüber von Newcastle auf der andere Seite des Flusses Tyne liegt. Dort ist Gascoigne 1967 geboren worden; Norman Hunter, der 1966, ohne im Turnier eingesetzt zu werden, Weltmeister im eigenen Land wurde, ist auch von dort.

Weltmeister ist Paul Gascoinge nie geworden, er hatte mal die Möglichkeit, Europameister im eigenen Land zu werden, und da haben ihm möglicherweise auch nur ein paar Zentimeter gefehlt, als er in der Verlängerung des Halbfinals von Wembley 1996 an der Hereingabe seines Teamkollegen Alan Shearer vorbeigegrätscht ist. Das hätte das 2:1 gegen Deutschland sein können, war es aber nicht. Gazza und England verlieren, wie sollte es anders sein, im Elfmeterschießen. Was Gascoigne so neu nicht war, denn schon bei der WM 1990, ebenfalls im Halbfinale, hatte er mit England gegen die »Krauts« im Elfmeterschießen von Turin den Kürzeren gezogen. Damals hatte er übrigens nicht des Ausscheidens wegens geheult wie ein Waliser Schlosshund, sondern weil er eine Gelbe Karte gesehen hatte, die ihn das Finale ohnehin nicht hätte spielen lassen.

Ob Paul Gascoigne 1990 oder 1996 besser war, bei den beiden großen Turnieren, die er in seiner Laufbahn gespielt hat, ist einfach zu beantworten. Gazza war immer gut. Er war ein Unikat, er war einer der besten Fußballspieler seines Landes, »gifted«, wie der Enländer das nennt – es war ihm gegeben, den Leuten mit seinem Spiel Freude zu bereiten, und natürlich war der große Gefühlsspieler Paul Gascoigne immer dem tragischen Garrincha seelenverwandter als dem strahlenden Pelé oder dem Glückskind Beckenbauer.

Sein größter Titel war der Sieg im FA-Cup-Finale 1991 mit den Tottenham Hotspur gegen Nottingham Forrest, als er nur 17 Minuten auf dem Feld stand und dann heruntermusste, weil er sich bei einem Zweikampf selbst verschuldet die Kreuzbänder im rechten Knie demoliert hatte. Fast ein Jahr musste er pausieren.

Alkohol, Drogen und häusliche Gewalt waren dann die ausschließlichen Wegbegleiter, als seine aktive Laufbahn nach bizarren Engagements in China und den USA 2004 endete. Im Sommer 2008 begab er sich in psychatrische Behandlung, man hatte den 41-Jährigen in einem Hotel in Newcastle aufgetan, auf seinen Schultern drei batterienbetriebene Plastikpapageien, die »Kiss me!« blökten. Ein paar Wochen später unternahm er in einem Londoner Hotel einen Selbstmordversuch. »Manche Leute haben Probleme, ich habe sie alle«, sagt Paul Gascoigne.

PAUL JOHN GASCOIGNE

GEBOREN: 27. Mai 1967 in Gateshead (England)

VEREINE: Newcastle United (1984–88), Tottenham Hotspur (1988–92), Lazio Rom (1992–95), Glasgow Rangers (1995–98), FC Middlesbrough (1998–2000), FC Everton (2000–02), FC Burnley (2002), Gansu Tianma (2003), Boston United (2004)

LÄNDERSPIELE: 57 (10 Tore) für England (1988–98)

FRANCISCO GENTO

DIE GRIPPE SORGTE für den großen Karriereschub des Francisco Gento. Gento war jung und spielte in der zweiten Mannschaft von Real Sociedad Santander. Da kam es, dass eine Grippewelle Großteile der A-Mannschaft des Clubs flachlegte – kurz vor dem Spiel gegen das mächtige Real Madrid. Gento rückte nach, spielte so aufregend, dass Madrid ihn drei Tage nach dem Match verpflichtete. Es heißt: Reals Präsident Santiago Bernabeu habe höchstpersönlich auf der Verpflichtung des ungeheuer schnellen, trickreichen Flügelstürmers bestanden.

Für heutige Real-Maßstäbe undenkbar, ließ man dem jungen Gento Zeit, sich zu entwickeln. Es war Alfredo di Stéfano, der Bernabeu abrang, Geduld mit dem Jungen zu haben. So dauerte es etwa ein Jahr, ab dann war Gento auf Linksaußen existenzieller Bestandteil der Mannschaft und fütterte di Stéfano brav mit Flanken. Bereits in der ersten Saison gewann Gento mit Real den ersten seiner insgesamt zwölf nationalen Meistertitel mit dem Club.

In Spanien, zumindest bei jenen Menschen des Landes, die Real Madrid zugetan sind, ist Francisco Gento die vielleicht größte Legende des Vereins. Denn in der glorreichen Zeit, als keine Mannschaft Europas und der Welt Real Madrid das Wasser reichen konnte, war er der einzige Spanier in der großartigen Offensive mit den Argentiniern Rial und di Stéfano, dem Franzosen Kopa und dem Ungarn Puskás. Zudem ist Gento der einzige Madridista, der an allen sechs Gewinnen des Europapokals der Landesmeister beteiligt war.

Im Jahre 1957 hatte Gento, dessen Stärke das Vorbereiten wie Vollstrecken gleichermaßen war, ein Tor beim 2:0-Finalsieg über die Fiorentina erzielt. Sein schönstes Endspiel in der Königsklasse erlebte Gento jedoch im Jahr darauf gegen den AC Milan. Zweimal waren die Mailänder in Führung gegangen, zweimal hatte Real ausgleichen können, und dann machte der kleine Gento in der 107. Minute das siegbringende Tor zum 3:2 – die Serie hatte gehalten, seit Einführung des Wettbewerbs in der Saison 1955/56 hatte der Sieger stets Real Madrid geheißen.

Natürlich spielte Gento auch in der Seleccíon, der spanischen Nationalmannschaft. Er debütierte 1955 gegen England in Madrid, und dann folgten 14 Jahre, in denen man auf den offensivstärksten Linksaußen seiner Zeit nur in Fällen verzichten wollte, in denen eine vorsichtigere Spielanlage opportun erschien – auch deswegen nehmen sich die 43 Länderspiele Gentos für einen so langen Zeitraum bescheiden aus. Wie auch dessen Erlebnisse bei seinen Teilnahmen an Weltmeisterschaften. Weder 1962 noch 1966 als Kapitän kam Gento mit Spanien über die Vorrunde hinaus. Und als man zwischendrin 1964 im eigenen Land Europameister wurde, da fehlte er im Endspiel.

FRANCISCO »PACO« GENTO LÓPEZ

GEBOREN: 21. Oktober 1933 in Guarnizo (Spanien)
VEREINE: Racing Santander (1952/53), Real Madrid (1953–71)
LÄNDERSPIELE: 43 (5 Tore) für Spanien (1955–69)

RUUD GULLIT

DER SPIELER Ruud Gullit machte dem Fußball Spaß, sein wohl frisierter Rastakopf ließ den Amsterdamer Straßenkicker zum Leitbild einer ganzen Generation werden. Gullits größte Erfolge konzentrieren sich dabei auf gerade einmal drei Jahre: Europas »Fußballer des Jahres« (1987), Europameister mit den Niederlanden (1988) sowie der Gewinn des Europapokals der Landesmeister samt Supercup und Weltpokal (jeweils 1989 und 1990). Während sein alter Kumpel aus Straßenkickerzeiten, Frank Riijkaard, es direkt zu Ajax schaffte, brauchte Gullit länger, um im Topfußball anzukommen. Seine erfolgreichste Zeit hatte er als Kapitän der großartigen Milan-Elf von Trainer Arrigo Sacchi. Aber schon dort musste er immer mit Knieverletzungen kämpfen, fiel oft aus, kam aber fast immer wieder, wenn man mit ihm nicht mehr gerechnet hatte. Bei Milan war das so, bei Genua und auch beim FC Chelsea, seiner letzten Station, wo er als Spielertrainer scheiterte, weil er »sexy football« versprach, den man indes so gut wie nie zu sehen bekam.

RUUD DIL GULLIT

GEBOREN: 1. September 1962 in Amsterdam (Niederlande)
VEREINE: HFC Haarlem (1979–82), Feyenoord Rotterdam (1982–85), PSV Eindhoven (1985–87), AC Mailand (1987–93), Sampdoria Genua (1993/94), AC Mailand (1994/95), Sampdoria Genua (ausgel. 1994/95), FC Chelsea (1995–98)
LÄNDERSPIELE: 66 (17 Tore) für die Niederlande (1981–94)

GHEORGE HAGI

EIN FEURIGER ANTREIBER war er, der auf dem Platz auch mal handgreiflich wurde oder spuckte, wenn die Dinge nicht in seinem Sinne liefen. 1990 spielte der hernach »Karparten-Maradona« genannte Gheorge Hagi bei der WM in Italien erstmals auf großer Bühne eindrucksvoll, vier Jahre später in den USA war das nicht anders. Zwar hatte Hagi 1989 mit Steaua Bukarest schon einmal im Finale um den Europapokal der Landesmeister gestanden (0:4 gegen den AC Milan), der größte Erfolg des Technikers kam elf Jahre später: Nachdem er sich in Madrid, Brescia und Barclona nicht hatte durchsetzen können, gewann der 35-Jährige mit Galatasaray Istanbul den UEFA-Cup – im Elfmeterschießen gegen Arsenal London. Das Ende seines letzten Länderspiels war bezeichnend: Im Viertelfinale der Europameisterschaft 2000 zwischen Rumänien und Italien ließ sich Kapitän Gheorge Hagi im gegnerischen Strafraum fallen, doch statt eines Elfmeters gab der Schiedsrichter dem alten Star die Gelb-Rote Karte – wegen Schauspielerei.

GHEORGE HAGI

GEBOREN: 5. Februar 1965 in Săcele (Rumänien)

VEREINE: FC Constanta (1982/83), Sportul Studenţesc (1983–87), Steaua Bukarest (1987–90), Real Madrid (1990–92), Brescia Calcio (1992–94), FC Barcelona (1994–96), Galatasaray Istanbul (1996–2001)

LÄNDERSPIELE: 125 (35 Tore) für Rumänien (1983–2000)

adidas
FORMATION

ANDRÉS INIESTA

WARUM INIESTA hier in diesem Buch zu finden ist – und nicht Xaví? »Xaví ist ein Genie«, sagt selbst Andrés Iniesta. Beide haben die Jugendschule von Barcelona durchlaufen, und damals schon hat der spätere Trainer Pep Guardiola dem jungen Xavi Hernandez den vier Jahre jüngeren Iniesta gezeigt und gesagt: »Du wirst mich in Rente schicken, aber der macht uns beide alle.« Weil Guardiola sein Idol war, landete Andrés Iniesta nicht bei Real Madrid oder dem FC Valencia, die nach einem Jugendturnier um ihn buhlten, sondern fand den Weg aus dem 700 Kilometer entfernten Kaff Fuentealbilla (La Mancha) ins Barca-Internat La Masia. Da war er zwölf und das Heimweh für ihn am Anfang kaum zu ertragen: »Ich war so weit aufzugeben und nach Hause zurückzukehren.« Doch die Freude am Spiel überwog.

Iniesta durchlief bei Barcelona alle Jugendmannschaften und viele Positionen: zentrales Mittelfeld, rechter Außenverteidiger, Linskaußen. Mit 16 trainierte der Sohn eines Maurers und Drittligakickers bei den Profis mit, mit 18 absolvierte er sein erstes Champions-League-, dann erst sein erstes Ligaspiel. An der Seite von Fernando Torres wird er U-16-, dann U-19-Europameister und erreicht 2003 das Finale der Junioren-WM.

Als er schließlich in der Saison 2004/2005 Stammspieler wird, 37 von 38 Ligaspielen bestreitet, stellt sich auch gleich der erste von bis heute vier spanischen Meistertiteln für den Youngster ein. 2006 und 2009 gewinnt Iniesta mit Barca die Champions League, sein Credo ist das dieser Mannschaft, dieses Clubs: »Ballbesitz ist die beste Verteidigung. Wenn du den Ball hast, kann dir der Gegner nichts tun.« Als Real Madrid im Sommer 2007 angeblich 60 Millionen Euro Ablöse für Iniesta bietet, lehnt der ab. Danach wird die Mindestsumme für einen Transfer des Ballgenies auf 200 Millionen festgesetzt. Unbezahlbar.

Iniesta ist eher Vorbereiter als Vollstrecker, dennoch gelangen ihm zwei nachhaltige Treffer: Das 1:1 mit dem Außenrist in den Winkel beim FC Chelsea im Halbfinale der Champions League 2009 in den letzten Sekunden der Nachspielzeit, das Aus vor Augen. Und natürlich jener Vollspannschuss zum 1:0 gegen die Niederlande in der Verlängerung des WM-Finals von 2010, der aus dem Europameister Spanien auch den Weltmeister werden ließ.

Lange galt Iniesta als schweigsamster aller Barca-Profis, das hat sich ein wenig geändert. In einem Interview mit der spanischen Zeitung El País hat er auf die Frage geantwortet, ob es ihm etwas ausmache, dass die Medien ihn nicht für einen Medienstar halten: »Das interessiert mich einen Furz.«

ANDRÉS INIESTA LUJÁN

GEBOREN: 11. Mai 1984 in Fuentealbilla (Spanien)
VEREINE: seit 2000 FC Barcelona
LÄNDERSPIELE: 54 (9 Tore) für Spanien (seit 2006)

LEW JASCHIN

AUSGERECHNET IM Kollektivsportkerker Sowjetunion wagte ein Mann es, die Ketten zu sprengen. Der Torhüter Lew Jaschin hatte beschlossen, es sei nicht genug, Bälle abzuwehren, Abschläge auszuführen und die Mauer beim Freistoß zu stellen. Er wollte mitspielen, richtig mitspielen.

Seine herausragende Antizipation ermöglichte es Jaschin – Jahrzehnte bevor dies zum Anforderungsprofil von Torhütern gehörte – im Defensivverbund seiner beiden Mannschaften effektiv mitzutun, in der russischen *Sbornaja* und in seinem Clubteam von Dynamo Moskau, für das er 813 Spiele absolvierte und mit dem er fünf sowjetrussische Meisterschaften gewann. In seinen 78 Einsätzen für die Nationalmannschaft der UdSSR ließ Jaschin den Ball nur 70-mal passieren. Mehr als 150 Elfmeter soll er im Lauf seiner langen Karriere gehalten haben.

Viermal hat Jaschin, der als bester Torwart seiner Zeit galt, an WM-Endrunden teilgenommen, gewonnen hat er dort nichts. Seine größten Titel blieben der eines Europameisters (1960) und Olympiasiegers (1956) – und natürlich die Wahl zu Europas »Fußballer des Jahres« im Jahre 1963; der Sowjetrusse ist bis heute der einzige Torwart, dem diese Ehre zuteilwurde. Zudem wurde Jaschin je zweimal in Welt- und Europaauswahlen berufen, die in der Zeit vor der zunehmenden Kapitalisierung des Fußballs einen ungleich höheren Stellenwert genossen und weswegen etwa auch Real Madrid bereit war, jeden Preis für Jaschin zu bezahlen – allein, der sowjetische Verband ließ seinen Starspieler nicht gen Westen ziehen.

Weil er sich auf dem Spielfeld so behänd bewegte und stets ganz in Schwarz gekleidet war, erhielt er den Spitznamen »Schwarze Spinne«. Im englischen Sprachraum erdachte man ihn sich als »Black Octopus«, weil die Bälle an Jaschins bloßen Fingern – genau – kleben blieben wie in den Fängen einer Krake. Jaschin liebte modernen Jazz, er soll eine mehr als ordentliche Schallplattensammlung besessen haben, er liebte das Filmen, das Trinken und stark rauchen tat er auch, weswegen ihm 1984 beide Beine abgenommen werden mussten.

Nach seinem Tod entschied die FIFA, ausgerechnet bei jenem Turnier an Jaschin zu erinnern, das er nie hatte gewinnen können. Seit 1994 wurde bei WM-Endrunden der jeweils überragende Torhüter mit dem Lew-Jaschin-Preis ausgezeichnet. Mit der WM 2010 hat sich das geändert, jetzt wird für die gleiche Keeper-Wahl ein »Goldener Handschuh« vergeben. Was für ein Verlust.

LEW IWANOWITSCH JASCHIN

GEBOREN: 22. Oktober 1929 in Bogorodskoje (Sowjetunion)
GESTORBEN: 20. März 1990 in Moskau (Russland)
VEREINE: Dynamo Moskau (1949–71)
LÄNDERSPIELE: 78 (0 Tore) für die Sowjetunion (1954–70)

ABU

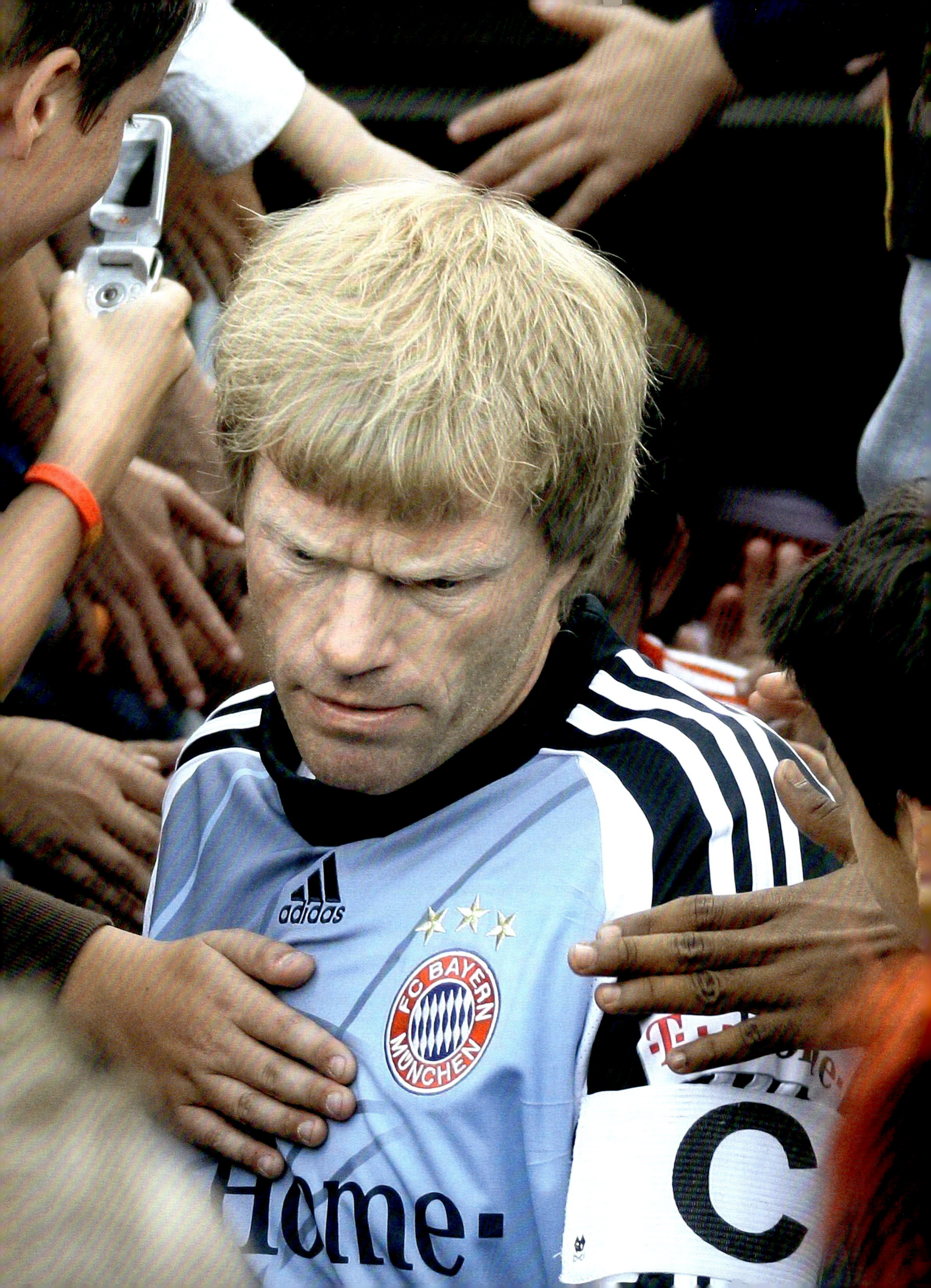
adidas
FC BAYERN MÜNCHEN
C

OLIVER KAHN

IN SEINER ZEIT ALS JUGENDSPIELER des Karlsruher SC hatte Oliver Kahn nie den Sprung in die Jugendnationalmannschaft geschafft. Als zu schmächtig galt er, weswegen er seinen Körper mit exzessivem Krafttraining formte und 1991 schließlich eine Schwächeperiode von Stammkeeper Alexander Famulla ausnutzte, um die Nummer eins zu werden. Nach dem Höhepunkt des KSC-Fußballwunders, dem Erreichen des Halbfinals im UEFA-Cup 1993/94, heuerte Kahn beim FC Bayern München an und gewann mit dem Verein so gut wie jeden Titel.

»Disziplin, Training, Ehrgeiz, Erfolg – also: Ziel und Zielerreichung«, so hat Kahn das Rezept seines Erfolges einmal knapp zusammengefasst. Eine Mechanik, die im nach dem Meisterschaftshattrick erreichten Champions-League-Finale von 2001 etwa dazu führte, dass er im Elfmeterschießen gegen Valencia überragend drei Bälle abwehrte, damit zum Matchwinner wurde und die Katastrophe des in den Schlussminuten gegen Manchester United verlorenen Endspiels von 1999 überdeckte. Aber Kahns besessene Einstellung zeitigte auch unschöne Ergebnisse, wie den Kung-Fu-Tritt gegen den Dortmunder Stéphane Chapuisat, die simulierte Biss-Attacke gegen dessen Teamkollegen Heiko Herrlich oder den Würgegriff gegen den Hannoveraner Thomas Brdaric.

Die Qualifikation und die Endrunde der WM 2002 in Japan und Südkorea bildeten Kahns absoluten Höhepunkt. »Da hielt ich mich wirklich für ›King Kahn‹ und den ›Titanen‹. Wenn es so weit kommt, musst du erst wieder zu dir selbst finden«, sagte Kahn, der unfasslich spielte, zum besten Spieler des Turniers gewählt wurde, im Finale aber einen Distanzschuss nicht festhalten konnte, sodass Brasiliens Ronaldo zur Vorentscheidung abstaubte. Kahn verlor seinen Fokus.

In den zwei folgenden Jahren unterliefen dem Torwart immer wieder spielentscheidende Fehler. Und als Jürgen Klinsmann 2004 die Nationalmannschaft übernahm, wurde zuerst Kahns Vertrauter, Torwarttrainer Sepp Maier, durch Andreas Köpke und dann – zwei Monate vor Start der WM 2006 im eigenen Land – Kahn selbst als Nummer eins durch Jens Lehmann ersetzt. Doch statt, wie viele erwartet hatten, sofort zurückzutreten, gliederte Kahn sich ein und bekannte nachher altersweise: »Die WM war für mich als Mensch bedeutender, als hätte ich sie gespielt.« Zwei Jahre gönnte er sich noch im Tor des FC Bayern, dann verabschiedete er sich aus der Liga mit einem Double, seinem insgesamt fünften.

OLIVER ROLF KAHN

GEBOREN: 15. Juni 1969 in Karlsruhe (Deutschland)
VEREINE: Karlsruher SC (1987–94), FC Bayern München (1994–2008)
LÄNDERSPIELE: 86 (0 Tore) für Deutschland (1995–2006)

KEVIN KEEGAN

AUS DEUTSCHER PERSPEKTIVE mag man dazu neigen, Kevin Keegan in erster Linie hinsichtlich seiner Zeit beim Hamburger SV zu beurteilen, was natürlich zu kurz gegriffen wäre. Denn »Mighty Mouse« war ja längst schon groß, weswegen der HSV für den Transfer des Rechtsaußens vom Mersey an die Elbe im Sommer 1977 auch die bis dahin höchste Ablösesumme der Bundesligahistorie hinlegen durfte: 2,3 Millionen Mark.

1973 und 1976 hatte Keegan mit dem FC Liverpool den UEFA-Pokal gewonnen, 1977, kurz vor dem Transfer nach Deutschland, den Europapokal der Landesmeister. Dreimal, 1973, 1976 und 1977, war er Englischer Meister geworden. Keegan war und blieb ein erfolgreicher Vereinsspieler, seine Einsätze in Länderspielen fielen in eine Zeit, als die Stärke des englischen Fußballs seine Clubs waren. Die Nationalmannschaft wollte einfach nicht funktionieren – auch mit Keegan nicht: Bei der EM 1980 schied man in der Vorrunde aus, zwei Jahre darauf, bei der WM in Spanien, konnte Keegan aufgrund einer Verletzung keinen großen Beitrag leisten, es langte für ihn lediglich zu einem Kurzeinsatz. England schied in der Zwischenrunde nach einem 0:0 gegen Deutschland aus.

In Hamburg, wo das erste Jahr unter wechselnden Trainern schwach verlaufen war, hieß Keegans Rettung Günter Netzer, auch weil der im Januar 1978 eingesetzte neue Manager endlich einen neuen und, wie sich schnell erweisen sollte, erfolgreichen Trainer engagierte: Branko Zebec. Unter Zebec wurde der HSV 1979 Deutscher Meister und Keegan 1978 und 1979 Europas »Fußballer des Jahres«.

»Zebec«, erinnerte Keegan sich später, »setzte sich mit seiner dunklen Sonnenbrille am Mittelkreis auf einen Ball und ließ uns stundenlang rennen. Immer mehr Spieler brachen zusammen. Einige haben gekotzt. Andere versuchten weiterzumachen, um dann erneut zusammenzubrechen.« Erst an dessen letztem Arbeitstag traute Keegan sich, bei Zebec noch einmal nachzufragen, weshalb er diese unschöne Art der Selektion gewählt hatte? Die Antwort: »Als Trainer musst du schnell rauskriegen, um welche Spieler du ein Team bauen kannst. Ich wollte nicht eure Fitness, sondern Willen und Charakter testen.«

Nachdem die Hamburger am Ende der Saison 1979/80 im Finale des Europapokals der Landesmeister Nottingham Forest mit 0:1 unterlegen waren, plagte Keegan Heimweh. Er kehrte nach England zurück, allerdings nicht zu einem Spitzenverein, sondern zum FC Southampton, und schließlich hängte er von 1982–84 noch zwei erfolgreiche Jahre bei Newcastle United dran, jenem Club, der sieben Jahre später seiner erste Station als Trainer werden sollte.

JOSEPH KEVIN KEEGAN

GEBOREN: 14. Februar 1951 in Armthorpe (England)

VEREINE: Scunthorpe United (1968–71), FC Liverpool (1971–77), Hamburger SV (1977–80), FC Southampton (1980–82), Newcastle United (1982–84), Tigers Kuala Lumpur (1984/85)

LÄNDERSPIELE: 63 (21 Tore) für England (1972–82)

ADMIRAL

MARIO KEMPES

ES WAREN ELF TAGE im Sommer 1978, die aus dem Argentinier Mario Kempes das machten, was man einen Fußballgott nennt. Nachdem der Stürmer des FC Valencia, der gerade zum zweiten Mal Torschützenkönig in Spanien geworden war, die hohen Erwartungen seiner Landsleute in der Vorrunde der Weltmeisterschaft im eigenen Land nicht hatte erfüllen können, schlug er zu: Zwei Tore in der Zwischenrunde gegen Peru, zwei gegen Polen und im Finale gegen Holland dann noch mal zwei beim 3:1-Verlängerungssieg. Argentinien war erstmals Weltmeister, Kempes der Torschützenkönig des Turniers und später Südamerikas »Fußballer des Jahres«. Der langmähnige Beau Kempes, nur einer von zwei Spielern aus ausländischen Clubs, die Trainer César Luis Menotti in seinen Kader berufen hatte, war das strahlende Gesicht einer WM, das kurzzeitig vergessen ließ, dass das Turnier in einem vom Militär mit harter Hand geführtem Land gespielt wurde.

MARIO ALBERTO KEMPES

GEBOREN: 15. Juli 1954 in Bell Ville (Argentinien)

VEREINE: Instituto Atlético Central Córdoba (1973/74), Rosario Central (1974–76), FC Valencia (1976–81), CA River Plate (1981/82), FC Valencia (1982–84), Hércules Alicante (1984–86), First Vienna FC 1894 (1986/87), VSE St. Pölten (1987–90), Kremser SC (1990–92), Fernandez Vial (1995), Pelita Hyatt (1996)

LÄNDERSPIELE: 43 (20 Tore) für Argentinien (1973–82)

RAYMOND KOPA

WER NACH DEM ZWEITEN WELTKRIEG im nordfranzösischen Kohlerevier auf den Namen Kopaszewksi hörte, dem blieb nur die Arbeit unter Tage. Und also ging der junge, aus Polen stammende Raymond wie Vater und Bruder in den Stollen – nebenher spielte der 1,68 Meter große, schnelle, wendige Stümer Fußball und schoss reihenweise Tore. Mit 17 erhielt er seinen ersten Profivertrag und nannte sich fortan: Kopa. Mit 21 Jahren nahm er die französische Staatsbürgerschaft an, da spielte er für die beste französische Mannschaft der Zeit: Stade de Reims. Aber erst nachdem er mit Reims gegen Real Madrid das erste Endspiel im Europapokal der Landesmeister knapp verloren hatte und danach zu den Spaniern gewechselt war, wurde Kopa eine Legende. Dreimal gewann er mit Real des Landesmeisterwettbewerb (1957–59), 1958 wird er Fußballer Europas und bester Spieler der WM in Schweden. »Ohne die Arbeit im Bergwerk«, hat Kopa später gesagt, »hieße ich immer noch Kopaszewski.«

RAYMOND KOPASZEWSKI

GEBOREN: 13. Oktober 1931 in Nœux-les-Mines (Frankreich)
VEREINE: SCO Angers (1949–51), Stade de Reims (1951–56), Real Madrid (1956–59), Stade de Reims (1959–67)
LÄNDERSPIELE: 45 (18 Tore) für Frankreich (1952–62)

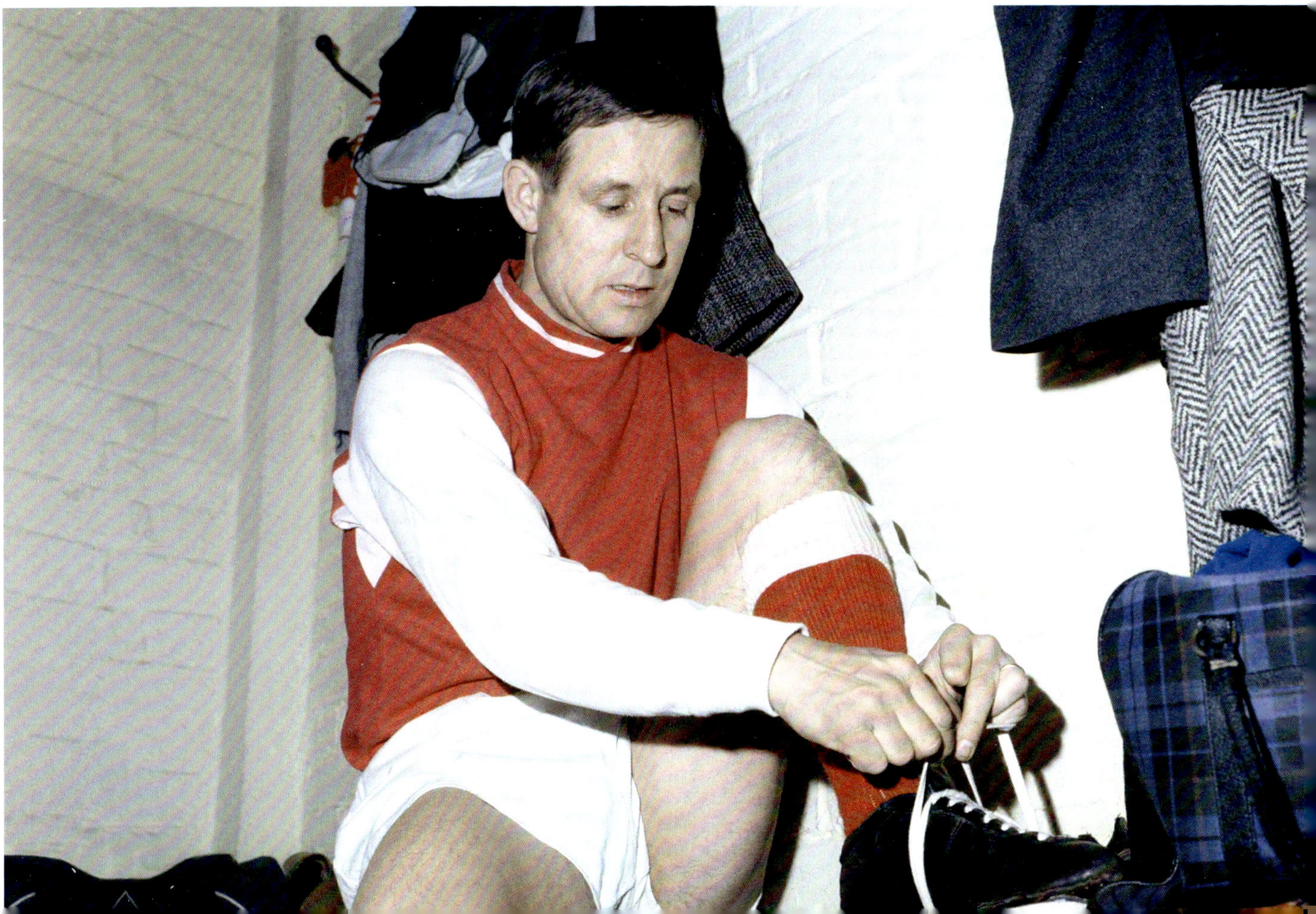

MICHAEL LAUDRUP

LEICHTFÜSSIG FÜHRTE Michael Laudrup das offensive Mittelfeld bei Juventus Turin und beim FC Barcelona, dann beging der Liebling des Camp Nou nach vier Meisterschaften in Folge jedoch einen unverzeihlichen Fehler: Er verließ das »Dream Team« von Johan Cruyff, wechselte zum bösen Rivalen Real Madrid – und wurde wieder Meister. Aber irgendwie glitt auch dieser Verrat an Michael Laudrup ab, wie so viele üble Attacken übler Treter, die der überragende Techniker in seiner 18-jährigen Profikarriere über sich ergehen lassen musste. Oder jener Streit mit Trainer Richard Möller-Nielsen, aufgrund dessen Laudrup den größten messbaren Erfolg einer dänischen Nationalmannschaft verpasste: den 2:0-Sieg im EM-Finale 1992 in Göteborg gegen Deutschland.

MICHAEL LAUDRUP

GEBOREN: 15. Juni 1964 in Kopenhagen (Dänemark)

VEREINE: Kjøbenhavns Boldklub (1981), Brøndby IF (1982/83), Juventus Turin (1983–89), Lazio Rom (ausgel. 1983–85), FC Barcelona (1989–94), Real Madrid (1994–96), Vissel Kobe (1996/97), Ajax Amsterdam (1997/98)

LÄNDERSPIELE: 104 (37 Tore) für Dänemark (1982–98)

GARY LINEKER

»FUSSBALL IST EIN EINFACHES SPIEL: 22 Männer jagen 90 Minuten lang einen Ball, und am Ende gewinnen immer die Deutschen.« Hat Gary Lineker einmal gesagt und sprach aus Erfahrung. Zwar traf der Stürmer im Elfmeterschießen des WM-Halbfinals 1990 gegen Torwart Bodo Illgner, doch dann vergaben seine Teamkollegen Pearce und Waddle – aus. Mit zehn Toren ist Lineker gleichwohl Englands erfolgreichster Torschütze bei WM-Endrunden, 1986 war er mit sechs Treffern bester Torjäger der Mexiko-WM. Im Verlauf seiner Profikarriere wurde Lineker nie des Feldes verwiesen, nicht mal Gelb hat er erhalten. Das prädestiniert für einen Saubermannjob, wie ihn Lineker seit mehr als fünfzehn Jahren als Moderator bei der BBC versieht. Oder als Namensgeber für eine Chips-Variante: »Salt'n'Lineker«

GARY WINSTON LINEKER

GEBOREN: 30. November 1960 in Leicester (England)
VEREINE: Leicester City (1978–85), FC Everton (1985/86), FC Barcelona (1986–89), Tottenham Hotspur (1989–92), Nagoya Grampus Eight (1992–94)
LÄNDERSPIELE: 80 (48 Tore) für England (1984–92)

ITALIA
3
3

PAOLO MALDINI

FÜR DIE THESE, dass Söhne herausragender Fußballspieler selbst keine exzellenten Kicker werden können, dafür ist Paolo Maldini das wohl prominenteste Gegenbeispiel. Vater Cesare Maldini gewann 1963 den ersten Europapokal der Landesmeister für den AC Milan, war Kapitän der Mannschaft. Sohn Paolo gewann dieselbe Trophäe von 1989 an fünfmal, die letzten beiden Male als Kapitän. Nur einmal war am Gewinn des bedeutendsten europäischen Vereinspokals beim AC Milan kein Maldini beteiligt. »Als ich das Bild sah, auf dem er den Europacup in die Höhe hält«, sagte Paolo Maldini einmal über seinen Vater, »wollte ich es ihm gleichtun«.

Cesare Maldini war ein Held, sein Sohn wurde eine Legende. Mit 126 Länderspieleinsätzen war Paolo Rekordnationalspieler, mittlerweile liegt er hinter Fabio Cannavaro auf Platz zwei der Rangliste. Seit er 10 ist, trägt Maldini junior den rotschwarzen Dress des AC Milan. Mit 16 debütierte er in der Serie A, in der er 25 Spielzeiten lang die Knochen hinhält, mit 647 Spielen einen Vereinsrekord aufstellt, sieben Meistertitel - drei mehr als der Vater -, einen Pokalsieg einheimst und auch vier Rote Karten.

In seiner Hochzeit, in den 1990er-Jahren also, etablierte sich Maldini als bester Linksverteidiger der Welt. Antrittsschnelligkeit, exzellentes Stellungsspiel und kompromissloses, aber äußerst faires Zweikampfverhalten sind seine Stärken. 1990 erlebt er den Durchbruch in der Nationalmannschaft, er wird Vizewelt- und Vizeeuropameister, einen Titel - außer den wenig wertigen eines Militärweltmeisters - gewann er mit Italien nie, nach der WM 2002 trat er 34-jährig und als Rekordnationalspieler aus der Auswahlmannschaft zurück. Das Angebot von Nationaltrainer Trapattoni, zur EM 2004 wieder ins Nationalteam zurückzukehren, nimmt Maldini nicht an.

Im Verein rückt der nicht mehr ganz so schnelle Maldini jetzt auf die Liberoposition, noch dreimal schafft er mit Milan den Einzug in ein Champions-League-Finale, zweimal gewinnen die Italiener, und er hilft 2004, eine Meisterschaft zu holen. Aber ab 2005 bereitet ihm das mehrfach schon operierte linke Knie zusehends Probleme. Ende 2007 gibt es eine Phase, in der er es nicht mal mehr beugen kann. Es wird Zeit, loszulassen. Ende der Saison 2008/09 ist Schluss für den Mann, über den der legendäre Nationaltrainer Enzo Bearzot bei der EM 1988 sagte: »Er ist nur auf dem Papier 19, fußballerisch ist er schon viel älter und erfahrener.« Und die Geschichte der Maldinis ist noch längst nicht zu Ende. Denn Paolos Söhne Christian (Jahrgang 1996) und Daniel (2001) spielen in der Jugend des AC Milan - in welchem Club auch sonst.

PAOLO CESARE MALDINI

GEBOREN: 26. Juni 1968 in Mailand (Italien)
VEREINE: AC Mailand (1984-2009)
LÄNDERSPIELE: 126 (7 Tore) für Italien (1988-2002)

DIEGO MARADONA

ALS ER IM OKTOBER 2010 seinen 50. feierte, fühlte man sich eher an den Geburtstag eines ehemals großen Rockstars denn an den eines ehemals großen Fußballers erinnert. Doch Diego Maradona ist in erster Linie Rock'n'Roller: ein größenwahnsinniger Aufschneider, ein selbstverliebtes Arschloch, ein rücksichtloser Machtmensch, ein zerbrechliches Trampeltier, ein von Zweifeln Zerfressener, ein immer mal wieder Drogenabhängiger, ein Öffentlichkeitsgeiler-Öffentlichkeitsscheuer, sein Leben gleicht einer Achterbahnfahrt - mit Trägerrakete unterm Hintern.

Neben all dem ist Diego Maradona, der Fußballer, zuallererst ein Genie. Fans auf der ganzen Welt lieben ihn für sein Können am Ball und sind glücklich darüber, dass Maradona überhaupt noch unter uns weilt. Denn dass der Argentinier noch neue Tage erleben kann, war nach dem Ende seiner aktiven Karriere 1997 längst nicht immer gewiss. Von Überdosen erfuhr man, von Zusammenbrüchen, von nur noch 36-prozentiger Herztätigkeit, dann lag Maradona im Krankenhaus, dann wieder in einer Entzugsklinik, dann jubelte er - sichtlich aufgeschwemmt - seinem Fanvolk von der Stadiontribüne zu, zeigte die Che-Guevara-Tätowierung auf seinem rechten Oberarm und vertrat antiimperialistische Politpositionen.

Natürlich vergaß man bei keiner neuerlichen Nachricht aus dem Diego-Kosmos, dass er es war, der Argentinien 1986, »Hand Gottes inklusive«, zur Weltmeisterschaft geführt hatte, wie er 1990 nach der Finalniederlage gegen die Deutschen theatralisch geweint hatte und kurz darauf wegen Kokainkonsums gesperrt wurde und wie er sagte: »Man hat mir die Beine abgeschnitten«, nachdem man ihm bei der WM 1994 Ephedrin-Konsum und damit Doping nachgewiesen hatte.

Mit 15 Jahren debütiert Maradona in Argentiniens erster Liga, mit 16 in der Nationalmannschaft. Bei der WM 1982 gegen Brasilien und als Star des FC Barcelona im Pokalfinale gegen Bilbao wurde er des Feldes verwiesen, weil er auf die vielen Fouls an ihm mit Tritten in den Unterleib reagiert hatte. In Neapel führte er ein durchschnittliches Team zu zwei Meisterschaften und einem UEFA-Cup, schoss mit dem Luftgewehr auf Fotografen und ließ sich feiern, wenn er wieder mit seinen Sportwagen durch die Straßen der Stadt donnerte.

Im Jahre 2010 ließ der Nationaltrainer Maradona die ihn nervenden argentinischen Journalisten wissen, sie könnten ihm einen blasen. Nachdem er mit seiner Mannschaft im WM-Viertelfinale in Südafrika mit 0:4 gegen Deutschland untergegangen war, verlor der Mann, der in den Slums von Buenos Aires aufgewachsen ist, seinen Job. Sicher ist, vorausgesetzt er überlebt: Eines nahen Tages wird Diego Maradona in den Fußball zurückkehren. Er kann nicht anders.

DIEGO ARMANDO MARADONA

GEBOREN: 30. Oktober 1960 in Lanús (Argentinien)
VEREINE: Argentinos Juniors (1976–81), Boca Juniors (1981/82), FC Barcelona (1982–84), SSC Neapel (1984–91), FC Sevilla (1992/93), CA Newell's Old Boys (1993), Boca Juniors (1995–97)
LÄNDERSPIELE: 91 (34 Tore) für Argentinien (1977–94)

adidas

LOTHAR MATTHÄUS

LOTHAR MATTHÄUS WAR NIE deutscher als 1990. Und er war auch nie erfolgreicher, besser, größer und ehrgeiziger als in dem Jahr, da Deutschland in Italien Weltmeister wurde. Da war er nicht nur der Kapitän der deutschen Fußballnationalmannschaft, Lothar Matthäus war Motor, Herz und der durch nichts zu brechende Wille dieser Elf. Er war der verlängerte Arm von Teamchef Franz Beckenbauer, seinem Über-Ich. Mit 150 Einsätzen ist Lothar Matthäus Deutschlands Rekordnationalspieler.

Aufgewachsen ist Matthäus im fränkischen Herzogenaurach, wo es zwei verfeindete Clans gab: die Dasslers (Adidas) und die Dasslers (Puma). Matthäus war in die Puma-Familie hineingeboren worden, sein Vater war als Hausmeister bei dem Sportartikelhersteller beschäftigt. Im Alter von 18 wechselte der Jugendnationalspieler Matthäus zu Pumas Bundesliga-Aushängeschild: Borussia Mönchengladbach. Wäre er auf der »anderen Seite« Herzogenaurachs groß geworden, er wäre nicht erst 1984 beim FC Bayern München gelandet.

Unter Trainer Jupp Heynckes wurde Lothar Matthäus Stammspieler auf dem Bökelberg, nach nicht mal einem Jahr war er schon Nationalspieler, 1980 in Italien Europameister. Vor der WM 1982 sorgte der 21-Jährige für Aufsehen. Auf der Südamerika-Reise des Nationalteams zerstörte er das Spiel der besten Mittelfeldakteure der Welt, des Brasilianers Zico und des Argentiniers Maradona, mit einer Unerbittlichkeit, die beim Zusehen schon unangenehm war. Kurz darauf wurde Matthäus Vizeweltmeister und wechselte zum FC Bayern München.

In insgesamt zwölf Dienstjahren bei den Bayern – unterbrochen durch ein Engagement bei Inter Mailand (Meisterschaft, UEFA-Cup-Sieg) – verantwortete Matthäus sieben Meisterschaften, einen UEFA-Cup, zwei Pokalsiege. Er verlor aber auch zweimal das Finale im europäischen Landesmeister-Wettbewerb: 1987 gegen den FC Porto und zwölf Jahre später ließ sich der 38-Jährige bei einer 1:0-Führung gegen Manchester United entkräftet auswechseln. Die Bayern verloren in der Nachspielzeit, und Stefan Effenberg sprach von Matthäus als einem »Verpisser«. Das UEFA-Cup-Endspiel verlor Matthäus einmal, das DFB-Pokal-Finale dreimal, einmal mit Mönchengladbach im Jahre 1984 und deutlich fadem Beigeschmack. Vor dem Finale war bekannt geworden, dass Matthäus zum Finalgegner Bayern München wechseln werde. Im Elfmeterschießen, das Gladbach mit 6:7 verlor, trat Matthäus an – und verschoss.

LOTHAR HERBERT MATTHÄUS

GEBOREN: 21. März 1961 in Erlangen (Deutschland)

VEREINE: Borussia Mönchengladbach (1979–84), FC Bayern München (1984–88), Inter Mailand (1988–92), FC Bayern München (1992–2000), NY/NJ Metro Stars (2000)

LÄNDERSPIELE: 150 (23 Tore) für Deutschland (1980–2000)

STANLEY MATTHEWS

IM FEBRUAR 1965, im Alter von 50 Jahren, wurde Stanley Matthews als erster Fußballer in den Adelstand erhoben. Kurz kickte er noch in der englischen Liga, dann beendete Matthews seine Laufbahn nach 697 Spielen. Mit eiserner Disziplin und exzessivem Fitnesstraining hatte er sich über Jahre eine bemerkenswerte Kondition behalten.

Trotz Gento und Garrincha glauben nicht nur viele Briten, dass Stan Matthews der beste Rechtsaußen der Fußballgeschichte geblieben ist. Zumindest hat er der Nachwelt, als er im Jahre 2000 im Alter von 85 starb, den nach ihm benannten Trick hinterlassen: links antäuschen, rechts vorbeiziehen. Mit diesem Manöver ließ Matthews im Trikot von Stoke City, später dann bei Blackpool, die Verteidiger stehen, lief zur Torlinie herunter und flankte – und wenn es gut ging, fand sein Ball den Kopf oder Fuß eines Mitspielers, und es war ein Tor.

1929 hatte er bei Stoke City als Amateur und Schreibkraft im Sekretariat begonnen, sein Verdienst betrug ein Pfund die Woche. Als er drei Jahre später in die erste Mannschaft aufstieg, verfünffachte sich sein Salär. Zu den fünf Pfund Grundgehalt erhielt der 17-Jährige pro Sieg ein weiteres obendrauf. Matthews stieg mit Stoke gleich im ersten Jahr in die erste Divison auf.

Als er den Club im Jahre 1938 verlassen wollte, demonstrierten 3000 Anhänger vor der Geschäftsstelle, Matthews blieb. Erst nach dem Zweiten Weltkrieg ließ man ihn für die bescheidene Ablöse von 11 500 Pfund zuzüglich einer Flasche schottischen Malt-Whiskys zum FC Blackpool ziehen, mit dem er dreimal das Finale um den FA-Cup erreichen sollte.

Nach zwei Niederlagen in diesen Endspielen folgte Matthews größter Erfolg, der zusammenfiel mit seinem nach landläufiger Meinung besten Spiel, was nicht im Rahmen einer Weltmeisterschaft – 1950 und 1954 nahm Matthews jeweils teil – stattfand oder in einem der europäischen Wettbewerbe. Es war der 4:3-Sieg im Finale des FA-Cups von 1953 mit dem FC Blackpool gegen Bolton. Nach einem 1:3-Rückstand hatte der unermüdliche Matthews seine Mitspieler zum Ausgleich mitgerissen, den Siegtreffer hatte er mit einer Flanke vorbereitet.

Fünf Jahre nachdem er 1956 zum ersten »Fußballer des Jahres« in Europa gewählt worden war, kehrte Matthews noch einmal zu Stoke zurück, da war er 46, und schaffte mit dem drittklassigen Club die Rückkehr in die erste Liga. Irgendwann in all diesen Jahren soll Stan Matthews tatsächlich einmal dem Ungarn Ferenc Puskás getroffen und ihm gesagt haben: »Puskás, du warst der Gößte.« Woraufhin Puskás geantwortet haben soll: »Kann sein, aber du bist der Allerallergrößte aller Zeiten.«

SIR STANLEY MATTHEWS

GEBOREN: 1. Februar 1915 in Hanley (England)
GESTORBEN: 23. Februar 2000 in Newcastle-under-Lyme (England)
VEREINE: Stoke City (1934–47), FC Blackpool (1947–61), Stoke City (1961–65)
LÄNDERSPIELE: 54 (11 Tore) für England (1934–57)

GIUSEPPE MEAZZA

SIE HABEN DIESE ENTSCHEIDUNG später oft verflucht. Denn den jungen Giuseppe »Peppino« Meazza an diesem Tag im Jahre 1924 einfach nach Hause zu schicken, sollte sich für den AC Milan als großer Fehler herausstellen. Zum Probetraining war Meazza bei den *Rossoneri* angetreten, dort sagte man ihm, er sei zu leicht, zu schwächlich, zu wenig robust für Fußball. Ganz anders sahen das die Leute beim Milan-Rivalen Internazionale, die den damals 17-Jährigen in ihren Reihen aufnahmen und in den Folgejahren miterleben durften, wie dieser zum größten Spieler in der Geschichte des Vereins reifte; jenes Vereins übrigens, der sich einst aus abtrünnigen Milan-Mitglieder formiert hatte.

1929 führten die Faschisten die eingleisige Serie A ein, in deren erster Saison Inter gleich Meister und Meazza mit 31 Treffern Torschützenkönig wurde. Zwei weitere Male sollte er beide Titel noch erlangen können. Sein Nationalmannschaftsdebüt feierte »Peppino« mit 19 und traf gleich doppelt gegen die Schweiz. 1934 wurde er mit starker Leistung im eigenen Land Weltmeister und konnte diesen Erfolg 1938 im benachbarten Frankreich wiederholen, wobei er längst nicht mehr als Stürmer auftrat, sondern als Regisseur das Spiel der Mannschaft lenkte, in der aus dem 1934er-Team lediglich noch sein Inter-Mannschaftskollege Giovanni Ferrari übrig geblieben war.

Nach der Weltmeisterschaft erlitt Meazza einen Unfall, fast ein Jahr musste er aussetzen, und als er wieder zurückkam, hatte der Zweite Weltkrieg begonnen. Meazza fand nach seiner Verletzung nicht mehr zu alter Form zurück. Zudem verlor der zum leichten Leben neigende Spieler den Großteil seines mit dem Fußball angehäuften Vermögens. 1940 wechselte er dann zu Milan, erreichte mit dem Club noch einmal das Pokalfinale, es folgten kurze Stationen bei Juventus Turin, AC Varese, Atalanta Bergamo und zum Schluss noch einmal Inter.

Bis heute hält Giuseppe Meazza den Vereinsrekord der Schwarzblauen von 284 Toren. In der ewigen Torjägerliste der Serie A belegt er mit 243 Toren in 365 Spielen Platz drei, nur der Schwede Gunnar Nordahl und Meazzas Landsmann und Nachfolger im Nationalteam, Silvio Piola, haben mehr Treffer erzielen können. In seiner Heimatstadt Mailand hat man dem Nationalhelden zwei Jahre nach dessen Tod zwar kein Denkmal errichtet, aber dem neben dem Dom wichtigsten Bau der Stadt den Namen ihres erfolgreichsten Fußballers gegeben: Seither spielen Inter und Milan nicht mehr im *San Siro*, sie spielen im *Giuseppe-Meazza*-Stadion.

GIUSEPPE MEAZZA

GEBOREN: 23. August 1910 in Mailand (Italien)

GESTORBEN: 21. August 1979 in Rapallo (Italien)

VEREINE: Inter Mailand (1927–40), AC Mailand (1940–42), Juventus Turin (1942/43), AS Varese 1910 (1944), Atalanta Bergamo (1945/46), Inter Mailand (1946/47)

LÄNDERSPIELE: 53 (33 Tore) für Italien (1930–39)

FCB

LIONEL MESSI

EINES TAGES wird sich Lionel Messi in dieser Rolle wiederfinden. Sie werden ihn, die argentinische Legende, befragen, was er denn von dem da, seinem Nachfolger halte. Und dann wird Lionel Messi vielleicht so etwas Ähnliches sagen, wie das, was Diego Maradona über Lionel Messi gesagt hat. »Messi«, hat Maradona gesagt, »ist besser als ich 1986.« Wer sich noch erinnern mag: 1986 in Mexiko war Maradonas WM, die »Hand Gottes«, das unfassliche Solo gegen ganz England – und natürlich der Titel im Endspiel gegen die geschundenen deutschen Fußballsoldaten.

Messi hat in seiner doch schon langen Karriere, die im Alter von sechs Jahren mit dem Eintritt in die Jugendfußballschule der Newell's Old Boys im argentinischen Rosario begann und sich dann in der kultischen Barca-Ausbildunsgstätte La Masía fortsetzte, schon viele Erfolge errungen. Aber jener, den die ganz ganz Großen des Spiels von den nur ganz Großen unterscheidet, den eines Weltmeisters, den hat er noch nicht gewonnen.

Ansonsten liest sich sein Palmarés fehlerfrei: Juniorenweltmeister, Olympiasieger, jeweils zweimal »Fußball des Jahres« in Argentinien, Europa und der Welt. Zweimal Champions-League-, einmal UEFA-Cup- und einmal Weltpokalsieger. Vier spanischen Meisterschaften und ein Pokal nicht zu vergessen. Messi ist nicht mal 25 Jahre alt. Natürlich ist er aktuell der bestverdienende Fußballer des Planeten. Zwei besser dotierte Angebote des englischen Erstligisten Manchester City hat Messi abgelehnt – für ihn stimmt alles. Weshalb mehr Geld verdienen?

Im Trikot von Barcelona spielt Messi wahnsinnig. Es macht bisweilen sprachlos, ihm zuzusehen, wie er Richtung Tor kurvt, die Bälle ins Netz lupft oder doch die Variante des Abspiels zu seinen wunderbaren Partner in der besten Vereinsmannschaft der Welt vorzieht. Längst hat er zurückgezahlt, was der Club damals, als der nur 1,40 Meter große 13-Jährige mit seinen Eltern aus Argentinien vor der Wirtschaftskrise nach Barcelona geflüchtet war, an Geld für eine Behandlung übernommen hatte. 900 Dollar pro Monat kostete es, ihm die entsprechenden Wachstumshormone zuzuführen.

Messis Nationalität sei »Barca« und eben nicht »Argentinien«, sagen Leute in seinem Heimatland, denn den atemberaubenden Vorstellungen im Verein hat Messi in der Nationalmannschaft noch nicht viel Adäquates folgen lassen. Das kränkt den Stolz des Landes, auch wenn Juan Riquelme, ehemaliger Nationalspieler, richtig sieht: »Bei Barcelona hat er fünf Möglichkeiten, den Ball zu bekommen oder abzuspielen. In der Nationalmannschaft nicht.« Messi allein ist nicht das Problem.

Heute misst Messi 1,69 Meter, das sind vier Zentimeter, die er Diego Maradona, dem noch größten argentinischen Spieler, bereits voraushat. Sportlich ist Maradona die Messlatte, Maradona war Weltmeister, und er hat gegen England 1986 auch ein WM-Spiel ganz allein gewonnen. Gut zu wissen, dass Lionel Messi für all das noch ein paar Jahre bleiben.

LIONEL ANDRÉS MESSI

GEBOREN: 24. Juni 1987 in Rosario (Argentinien)
VEREINE: FC Barcelona (seit 2003)
LÄNDERSPIELE: 54 (15 Tore) für Argentinien (seit 2005)

KUYT

MESSI
19
OOIJER
13

ROGER MILLA

ROGER MILLA WIRD auch in 100 Jahren noch betrachtet werden als jener 38-jährige Senior, der 1990 mit seinen vier Toren und dem Jubel an der Eckfahne bei der WM in Italien dafür sorgte, dass mit Kamerun erstmals überhaupt ein afrikanisches Land bei einer Endrunde das Viertelfinale erreichte – und hätten Milla und seine Kollegen sich gegen die Engländer ein bisschen abgezockter verhalten, es hätte auch das Halbfinale gegen Deutschland werden können.

Dass Milla in Italien zum Star werden konnte, schien ein halbes Jahr zuvor noch unmöglich. Aus der Nationalmannschaft war er 1988 zurückgetreten, vom ernst zu nehmenden Fußball hatte er sich ebenfalls verabschiedet. Milla lebte zurückgezogen auf La Réunion im Indischen Ozean, als ihn auf Geheiß von Staatspräsident Paul Biya der Sportminister Kameruns anrief und zum Comeback überredete. Nach seinem sensationellen Turnier in Italien trugen Straßen seinen Namen, und natürlich kürte man ihn zu Afrikas »Fußballer des Jahres«.

Das war Milla bereits 1976 schon einmal gewesen, was ihm damals das Ende seines Jobs beim Patentamt in Yaoundé und einen Transfer nach Frankreich beschert hatte. Dort spielte er zunächst für den Erstligisten Valenciennes, im ersten Jahr fast gar nicht, im zweiten wenig. Auch bei AS Monaco lief es für Milla nicht besser, im Fürstentum traf er das Tor nicht, wurde aber immerhin Cupsieger, was ihm danach auch mit Bastia noch einmal gelang.

Als sich Kamerun 1982 erstmals für eine WM-Endrunde qualifizierte, war auch Milla in Spanien mit dabei. Die Afrikaner schieden ohne Niederlage und ohne Sieg aufgrund dreier Unentschieden aus dem Turnier aus; einem Tor von Milla gegen Peru, das das Weiterkommen bedeutet hätte, wurde die Anerkennung versagt. Zwei Jahre später wurde Kamerun mit Milla immerhin Afrika-Cup-Sieger, und je älter Milla wurde, desto besser wurde sein Spiel.

Beim Zweitligisten AS St. Etienne traf er in Serie, mit Montpellier stieg er danach in die erste Liga auf und gewann mit Kamerun 1988 noch ein zweites Mal den Afrika-Cup. Nach einer weiteren Saison in Montpellier zog es ihn nach Réunion, wo er auf Hobbyniveau kickte. Dann kam Italia 1990, und wer dachte, das sei es dann wirklich mal gewesen, irrte.

1993 stieg Milla wieder ins Training ein, weil man ihn von präsidialer Seite bedeutet hatte, man wolle ihn bei der WM 1994 in den USA wieder spielen sehen. Als 42-Jähriger saß Milla auf der Ersatzbank, wurde eingewechselt, und als er gegen Russland beim 1:6 traf, war er der älteste Spieler, dem jemals bei einer WM-Endrunde ein Tor gelungen war.

ALBERT ROGER MILLER

GEBOREN: 20. Mai 1952 in Yaoundé (Kamerun)

VEREINE: Eclair de Douala (1965–70), Léopard de Douala (1971–74), Tonnerre Yaoundé (1974–77), US Valenciennes (1977–79), AS Monaco (1979/80), SEC Bastia (1980–84), AS Saint-Étienne (1984–86), Montpellier La Paillade SC (1986–89), JS Saint-Pierroise (1989–90), Tonnerre Yaoundé (1990–94), Pelita Jaya (1994–96)

LÄNDERSPIELE: 102 (28 Tore) für Kamerun (1978–94)

PUMA

BOBBY MOORE

ALS 15-JÄHRIGER war Bobby Moore zu West Ham United gekommen, dem klassischen Underachiever-Verein aus dem Osten Londons, dessen größter Spieler er bis heute auch geblieben ist. Seine Ballbehandlung und ein überwiegend exzellentes Stellungsspiel, aber auch seine selten einmal unfaire Unerbittlichkeit brachten den Mann mit der Nummer 6 auf dem Trikot 108 Länderspiele und den Ruf eines untadeligen Sportsmanns ein.

Der Sohn eines Fabrikarbeiters debütierte 1962 in der englischen Nationalmannschaft kurz vor der WM in Chile, bei der er dann alle vier Spiele absolvierte. Im Jahr darauf machte der neue Manager Alf Ramsey den erst 22-jährigen Moore zum jüngsten Kapitän in der Geschichte des Teams.

Bobby Moores Vereinserfolge sind überschaubar, es sind exakt zwei: 1964 gewann Moore nicht nur die Auszeichnung zu Englands »Fußballer des Jahres«, sondern mit den Hammers auch das FA-Cupfinale im Londoner Wembley-Stadion, als Folge davon und an gleicher Stelle ein Jahr später gegen den TSV 1860 München den Europapokal der Pokalsieger.

Auch bei seinem dritten und bedeutensten Finalauftritt in Wembley behielt Moore die Oberhand. England gewann das WM-Endspiel 1966 gegen Deutschland, und Moore hatte mit gerade einmal 25 Jahren nicht nur zum dritten Mal als Kapitän einen Pokal in Wembley entgegengenommen: Er hatte die größte Trophäe überhaupt gewonnen, im Endspiel zwei Tore vorbereitet und wurde noch zum besten Spieler des Turniers gekürt.

Vier Jahre nach dem WM-Sieg war England zur Vorbereitung der Mexiko-WM in Südamerika unterwegs, als Moore in Bogotá bezichtigt wurde, ein goldenes Armband gestohlen zu haben. Englands Kapitän musste kurz ins Gefängnis, dann wurde er unter Hausarrest gestellt, kam aber aufgrund diplomatischen Drucks rechtzeitig frei und nahm zum letzten Mal an einer WM teil. Sein sensationelles Tackle gegen den Brasilianer Jairzinho ist seither ein britischer TV-Dauerbrenner, wurde dort jedenfalls häufiger gezeigt als Bilder von der 2:3-Niederlage im Viertelfinale gegen Deutschland.

Nach 543 Ligaspielen verließ Moore West Ham im Frühjahr 1974 und wechselte in den Westen Londons zum Zweitligisten Fulham. Mit den Cottagers erreichte er 1975 sein zweites FA-Cup-Finale und unterlag darin ausgerechnet seinem ehemaligen Arbeitgeber West Ham. Zuvor war dieselbe Begegnung im unbedeutenderen Endspiel des Ligapokals noch andersherum ausgegangen. Nach kurzen Ausflügen in die US-Soccer-League beendete Moore seine Karriere im Jahre 1978. 15 Jahre später starb er mit 51 Jahren an Krebs in London.

ROBERT FREDERICK CHELSEA »BOBBY« MOORE

GEBOREN: 12. April 1941 in Barking (England)
GESTORBEN: 24. Februar 1993 in London (England)
VEREINE: West Ham United (1958–74), Fulham (1974–77), San Antonio Thunder (1976), Seattle Sounders (1978), Herning Fremad (1978)
LÄNDERSPIELE: 108 (2 Tore) für England (1962–73)

JOSÉ MANUEL MORENO

DI STÉFANO, KEMPES, MESSI, MARADONA – die großen, in Europa bekannten Helden des argentinischen Fußballs, nur sollte man José Manuel Moreno Fernández nicht vergessen. In Argentinien gibt es nicht wenige, die »El Charro« auf einer Stufe mit Diego Maradona sehen, insbesondere Anhänger des Hauptstadtclubs River Plate, für den Moreno neun Jahre lang spielte und mit dem er in dieser Zeit vier Landesmeisterschaften gewann.

Dass er bei River landete, war Zufall. Denn Moreno war in Buenos Aires in unmittelbarer Nähe zum La Bombonera aufgewachsen, dem Stadion von Rivers großem Rivalen Boca Juniors. Aber als sich der 15-Jährige dem Verein anschließen wollte, wurde er abgelehnt. Damals soll er gesagt haben: »Eines Tages werdet ihr das bereuen.«

Im März 1935 debütierte Moreno in der ersten Mannschaft Rivers und schoss im Ligaspiel gegen Platense auch gleich ein Tor. 1936 und 1937 gewann River Plate mit Moreno die Meisterschaft. Und als der Club in der ersten Hälfte der 1940er-Jahre den argentinischen Vereinsfußball dominierte, da war Moreno der Stratege, das Hirn jenes Teams, das den Beinamen »La Máquina« (»die Maschine«) erhalten hatte. Die Offensivreihe mit Moreno, Juan Calos Muñoz, Ángel Labruna, Adolfo Pedernera und Felix Loustau zeigte epochalen Fußball. Moreno glänzte mit seiner feinen Technik und Ballbehandlung, seiner Spielübersicht. Er wurde der populärste Spieler seiner Zeit, gerne und ausgiebig genoss er das Nachtleben von Buenos Aires.

Mit der argentinischen Nationalmannschaft gewann Moreno 1941, 1942 und 1947 dreimal die Copa America. Beim 12:0-Sieg gegen Ecuador gelangen ihm fünf Tore in einem Spiel, eine Turnierbestmarke bis heute. 1944 wechselte Moreno nach Mexiko, wurde im Jahr darauf Mexikanischer Meister mit España und erhielt den Spitznamen »El Charro« – so nennt man in Mexiko die Cowboys. Von 1946 bis 1949 spielte er wieder für River, 1949 ging es nach Chile, wo er für Universidad Católica gegen den Ball trat – und seinen nächsten Meistertitel gewann.

1950 folgte die Rückkehr nach Argentinien, Moreno spielte ein Jahr für Boca, kehrte dann zu Universidad zurück und spielte eine Saison mit Defensor in Uruguay, das einzige Land, in dem er keinen Titel holte. 1953 war er wieder zurück in Argentinien, ehe er 1954 in Kolumbien bei Independiente Medellín anheuerte, dem Club 1955 den ersten Meistertitel seiner Geschichte verschaffte – 1957 folgte ein weiterer – und damit einen neuen Weltrekord aufstellte: Meister in vier verschiedenen Ländern zu werden, das hatte vor Moreno keiner hinbekommen.

JOSÉ MANUEL »CHARRO« MORENO FERNÁNDEZ

GEBOREN: 3. August 1916 in Buenos Aires (Argentinien)
GESTORBEN: 26. August 1978 in Merlo (Argentinien)
VEREINE: River Plate (1935–44), Club España (1944–46), River Plate (1946–48), U. Católica (1949), Boca Juniors (1950), U. Católica (1951), Defensor (1952), Ferrocarril Oeste (1953), Independiente Medellín (1954–56), Independiente Medellín (1960/61).
LÄNDERSPIELE: 34 (19 Tore) für Argentinien (1936–50)

GERD MÜLLER

FRANZ BECKENBAUER, ein Mann, der bisweilen durchaus zur Übertreibung neigt, hat einmal behauptet, dass sein ehemaliger Mannschaftskollege, der Stürmer Gerd Müller, in der heutigen Zeit 80 Tore pro Saison schießen würde. »Achtzig ist übertrieben«, hat daraufhin Gerd Müller der »Süddeutschen Zeitung« gesagt, »aber mehr als meine 40 wären's schon.«

Diese »40« ist nur einer der zahlreichen Rekorde, die Gerd Müller aufgestellt hat und die heute noch Bestand haben. In der Bundesligasaison 1971/72 schaffte er diese Bestmarke, die Plätze zwei und drei in dieser Wertung »Die meisten Saisontore eines Spielers« hält er mit 38 und 36 Toren natürlich auch, und es erscheint eher unwahrscheinlich, dass ohne maßgebliche Änderungen im Reglement – etwa: Tore werden vergrößert, Torhüter werden gestrichen – diese Müller'schen Bestmarken fallen werden. Wer bitte soll denn in seiner Karriere sieben Mal die Torjägerkanone in Deutschlands höchster Spielklasse gewinnen oder 365 Tore schießen, wo Klaus Fischer und Jupp Heynckes es auf »nur« 268 und 220 an der Zahl gebracht haben?

Was für die meisten Bundesligarekorde des kleinen, rundlichen Mannes aus Nördlingen gilt, muss allerdings bald nicht mehr für seine Spitzenleistung in der deutschen Nationalmannschaft gelten. Denn die 68 Tore, die der »Bomber der Nation« im Trikot mit dem Bundesadler erzielte, könnten vom noch aktiven Miroslav Klose überboten werden: Neun Tore fehlen dem gebürtigen Pfälzer bei Drucklegung dieses Buches zum Gleichstand. Machbar ist das. »Natürlich wäre ich stolz, wenn ich den Bomber überhole«, hat Klose so lapidar gesagt, wie das früher nur der wortkarge Müller selbst sagen konnte.

Unerreicht bleibt aber wohl für immer Müllers Länderspieltorquotient. Denn für seine 68 Treffer benötigte er gerade einmal 62 Länderspiele, im Schnitt traf er also 1,097-mal pro Partie. Davon ist auch der gute Miroslav Klose weit entfernt: Für seine 59 Treffer hat er bereits 106 Einsätze benötigt.

Gefragt nach seinem wichtigsten Tor in all den 18 Profijahren muss Gerd Müller nicht lange überlegen. Zwar mögen andere Treffer schöner gewesen sein, etwa das 3:2 in der Verlängerung gegen England 1970, aber sein bedeutendstes Tor hat er natürlich im WM-Finale 1974 gegen die Niederlande erzielt. Der 2:1-Siegtreffer war ein typischer Müller: Drehung auf engstem Raum, Abschluss, und dann zischt der Ball am wie versteinert verharrenden Torhüter Jan Jongbloed vorbei ins lange Eck. Deutschland war Weltmeister, im Münchener Olympiastadion, der Heimat von Gerd Müller.

Zum Schluss vielleicht noch eins: Bei all den Bestmarken Müllers tut es auch gut zu wissen, dass er auch eine satte Negativmarke hält. Denn zwölf Elfmeter in der Bundesliga hat in der Bundesliga auch nur der »Bomber der Nation« verballert.

GERHARD »GERD« MÜLLER

GEBOREN: 3. November 1945 in Nördlingen (Deutschland)
VEREINE: TSV 1861 Nördlingen (1963/64), FC Bayern München (1964–79), Fort Lauderdale Strikers (1979–81), Smiths Brothers Lounge (1981/82)
LÄNDERSPIELE: 62 (68 Tore) für Deutschland (1966–74)

ENO FRUTA
KAUFhOF

PAVEL NEDVĚD

ES HAT VOR IHM GROSSE FUSSBALLER in der Tschechoslowakei gegeben, aber es gab keinen, der so bedeutend war wie Pavel Nedvěd, dieses immer auf Anschlag aufgezogene Laufwerk von einem Spieler, den man während seiner Zeit in Italien »Pferd« nannte – wegen seiner blonden Haarmähne. Es hätte aber auch gepasst, weil der Tscheche mit der Lunge eines Rennhengstes ausgestattet schien.

Über Cheb, Pilsen und Tábor kam er nach Prag, zunächst zum Armeeclub Dukla, dann zu Sparta, wo er die letzte Meisterschaft der untergegangenen Tchechoslowakei gewann. Mit dem Wegfall des alten Staates blühte Nedvěd auf: 1994 und 1995 wurde er mit Sparta Tschechischer Meister, er hatte sich vom schludrigen Talent zu einem torgefährlichen und beidfüßigen Mittelfeldspieler sowie zum Nationalspieler entwickelt.

Bei der Europameisterschaft 1996 in England spielten die Tschechen ein sensationelles Turnier und verloren in einem langweiligen Finale am Ende nur durch Golden Goal gegen Deutschland. In Italien erinnerte man sich an den Schützen des 0:1 gegen die eigene Mannschaft, mit seinem Tor hatte Nedvěd das Ausscheiden der Italiener eingeläutet. Lazio Rom nahm den Tschechen unter Vertrag, für günstige 7,5 Millionen Mark.

Er brauchte ein Jahr, dann gewann Nedvěd mit Lazio 1998 den italienischen Pokal, für den Club war es der erste Titel nach 24 Jahren. Im Jahr darauf wurde Rom Vizemeister, kam damit in die Champions League und gewann erstmals in der Vereinsgeschichte einen internationalen Wettbewerb, den letztmals ausgespielten Europapokal der Pokalsieger, Siegtorschütze: Nedvěd. 2000 holte Lazio das Double. Nach einer schwachen Folgesaison kaufte Italiens Rekordmeister Juventus Turin den Kapitän der tschechischen Nationalmannschaft als Nachfolger für den zu Real Madrid entschwundenen Zinédine Zidane.

Mit Nedvěd gewann Juve die Meisterschaft 2002, die Wiederholung dieses Erfolgs im Jahr darauf lastete man vor allem dem Antreiber an. Nedvěd besiegt im Halbfinale der Champions League 2003 Real Madrid quasi allein, doch sah er kurz vor Ende die fünfte Gelbe Karte und war gesperrt fürs Finale gegen den AC Milan, das ohne ihn verloren ging. Auch die tschechische Nationalmannschaft steuerte Nedvěd im Alleingang zur EM-Endrunde 2004. Für diese Saison erhielt er zu Recht die Auszeichnung zu Europas »Fußballer des Jahres«.

Die Meistertitel, die er 2005 und 2006 mit Juventus gewann, wurden wegen der Verwicklung des Clubs in den italienischen Manipulationsskandal aberkannt. Juve musste zwangsabsteigen, aber Nedvěd blieb trotz zahlreicher attraktiver Anfragen und sicherte den sofortigen Wiederaufstieg mit seinen Toren. 2008 schaffte Juve dann über Platz drei in der Liga den Einzug in die Champions League – und Nedvěds Hoffnung, einmal noch ein Finale in der Königsklasse zu erreichen und die Gelbsperre von 2003 vergessen zu machen, begrub im Februar 2009 im Achtelfinale der FC Chelsea.

PAVEL NEDVĚD

GEBOREN: 30. August 1972 in Cheb (Tschechoslowakei)

VEREINE: TJ Škoda Plzeň (1990/91), Dukla Tábor (1991), Dukla Prag (1991/92), Sparta Prag (1992–96), Lazio Rom (1996–2001), Juventus Turin (2001–09)

LÄNDERSPIELE: 91 (18 Tore) für Tschechien (1994–2006)

brasil

PELÉ

SEIN VATER DONDINHO war Profifußballer gewesen und befürwortete es, Mama Celeste hingegen hielt nichts von der Idee, ihr kleiner Junge solle auch einmal mit dem Balltreten sein Geld verdienen. Ein Fußballer in der Familie reichte ihr. Als Papa sich dann verletzte und den ohnehin bescheidenen Unterhalt mit dem Fußball nicht mehr sicherstellen konnte, ging der zehnjährige Pelé diversen Jobs nach, er verkaufte Zeitungen, putzte Schuhe, was man eben so machen kann als Kind in Brasilien, um der Familie das Essen zu verdienen.

Es ist in dieser Zeit, dass sein Talent entdeckt wird. Mit 15 schickt ihn sein Förderer, der ehemalige Nationalspieler Waldemar de Brito zum FC Santos und sagt: »Ich bringe euch die größte Fußballentdeckung der vergangenen Jahrzehnte.« Aus heutiger Sicht eine sehr zurückhaltende Formulierung, denn Pelé war nicht nur der beste Spieler seiner Zeit war, viele sagen, er sei der beste Spieler in der Geschichte des Fußballs gewesen.

Ein Jahr später ist er Nationalspieler, mit 17 nimmt er 1958 an seiner ersten Weltmeisterschaft teil, Brasilien gewinnt, Pelé ist binnen zwei Wochen zum Weltstar geworden, zwei weitere Male wird er maßgeblich dazu beitragen, dass der Coupe Jules Rimet 1970 schlussendlich für immer nach Brasilien geht. Und natürlich ist Pelé der einzige Spieler, der dreimal Weltmeister wurde.

Er war ein Spieler, wie man ihn zuvor noch nicht gesehen hatte. Pelé verströmte Eleganz, Körperbeherrschung, Genialität, Athletik, Ausdauer, Präzision, Dynamik, Fairness – was immer einem für positive Attribute für einen Fußballspieler einfallen mögen, Pelé verkörperte sie. Und: Enorm torgefährlich war Pelé natürlich auch. 32 Treffer hat er in seiner Debütsaison erzielt, am Ende waren es 1281 in 1361 Spielen, oder so ähnlich.

Pelé wurde zum Multimillionär, zur globalen Marke, zum – neben dem Papst vielleicht – einzig stets gut gelaunten Weltbürger, von dem kein Bild des Ärgers, der Wut in Erinnerung bleibt. Der Wochenzeitung »Die Zeit« gestattete Pelé einmal ungewohnt private Einblicke: »Ich träume von Kopfbällen, von Fallrückziehern, von Fernschüssen. Wenn ich aufwache, weiß ich nie, ob es Tore waren oder nicht.« Unterbrochen werden diese Projektionen von seiner neben ihm liegenden Frau, die ihn weckt und sich beschwert: »Bist du verrückt? Du hast mich getreten wie einen Ball!« Ach so, Pelés Mutter übrigens hat die Entscheidung ihres Sohnes fürs Fußballspielen irgendwann dann auch mal akzeptiert.

EDISON »EDSON« ARANTES DO NASCIMENTO

GEBOREN: 21. oder 23. Oktober 1940 in Três Corações (Brasilien)
VEREINE: FC Santos (1956–74), New York Cosmos (1975–77)
LÄNDERSPIELE: 92 (77 Tore) für Brasilien (1957–71)

3

MICHEL PLATINI

DREIMAL HINTEREINANDER zu Europas »Fußballer des Jahres« gewählt zu werden, das ist nur Michel Platini gelungen (1983–85), diesem Mittelfeldspieler von zartem, aus heutiger Zeit betrachtet fast schmächtigem Körperbau, bei dem alles so französisch elegant wirkte, Nachname inklusive. Mittendrin in dieser Auszeichnungsära wurde er 1984 triumphal Europameister, die Geschichte seines Wirkens bei Weltmeisterschaften war unglücklich. Für eine ehrgeizigen Mann wie Platini eigentlich nicht akzeptabel.

Zweimal scheiterte er als Kapitän der französischen Nationalmannschaft in einem Halbfinale an Deutschland, einmal in diesem Drama mit Elfmeterschießen in Sevilla, Spanien, dann noch einmal, vier Jahre später, im mexikanischen Guadalajara war die Sache beim 0:2 auch eng, zumal der zweite deutsche Treffer erst eine Minute vor dem Ende fiel. Aber Platinis Gegner war in diesem Spiel nicht die Mannschaft von Teamchef Franz Beckenbauer gewesen, er hatte in der Höhenluft mit seiner schwachen körperlichen Konstitution und erheblichen Achillessehnenproblemen zu kämpfen.

Wesentlich erfolgreicher lief es für den (neben Zinédine Zidane) besten französischen Fußballer mit seinen Vereinen. Nachdem er bei AS Nancy zwar keinen Titel gewonnen hatte, in seiner Zeit dort aber Nationalspieler geworden und zweimal zu Frankreichs »Fußballer des Jahres« gewählt worden war, wechselte er 1979 zum AS St. Etienne. Dort sind seine Tore entscheidend für die Meisterschaft 1981, zum Abschied wird Platini 1982 Vizemeister, aber erst mit dem Wechsel zu Juventus Turin wurde aus dem Franzosen ein international wirklich bedeutender Akteur.

Mit Juve schaffte er auf Anhieb den Pokalsieg und die Vizemeisterschaft, im Jahr darauf, 1984, dann den Europapokal der Pokalsieger durch ein 2:1 im Finale über den FC Porto sowie die italienische Meisterschaft. Und dann natürlich brilliert er bei der Europameisterschaft, als Kapitän schießt er neun der 14 Treffer, die im eigenen Land den Titel bedeuten – den ersten großen Titel für Frankreich. Platini ist auf dem Höhepunkt seines Schaffens, und es dauert ein Jahr bis zum großen Schock.

»Es ist immer noch in meinen Kopf«, wird sich Michel Platini an die Katastrophe von Heysel erinnern, »Menschen sind gekommen, um mich spielen zu sehen – und sie kehrten nie mehr heim.« Er war der Schütze jenes Elfmetertores, das Juve das Endspiel im Europapokal der Landesmeister 1985 gegen den FC Liverpool gewinnen ließ. In dem Spiel, bei dem es keinen Gewinner hätte geben dürfen, weil im maroden Brüsseler Heysel-Stadion bei Fanausschreitungen 39 Menschen starben. Der Gewinn des Weltpokals mit Juve ist der letzte große Titel in der Karriere des Michel Platini. Er wurde französischer Nationaltrainer, dann Cheforganisator der Frankreich-WM 1998. Heute ist er UEFA-Präsident.

MICHEL FRANÇOIS PLATINI

GEBOREN: 21. Juni 1955 in Jœuf (Frankreich)
VEREINE: AS Nancy (1972–79), AS Saint-Étienne (1979–82), Juventus Turin (1982–87)
LÄNDERSPIELE: 72 (41 Tore) für Frankreich (1976–87)

MICHEL PREUD'HOMME

PECH GEHABT ZU HABEN gilt nicht nur im Fußball als nicht sonderlich akzeptable Ausrede. Für den Torwart Michel Preud'homme kann, ja, muss man diese Ausrede gleichwohl gelten lassen. Denn immer wieder verhinderten unglückliche Umstände, dass der Belgier eine noch größere Karriere hinlegte. Mindestens hätte sie für Michel Preud'homme früher einsetzen können als erst im Herbst seines Fußballerlebens.

Das erste Pech: Preud'homme ist Wallone. Er ist, wie viele Wallonen, zurückhaltend, eher defensiv, unaufdringlich. Und damit das exakte Gegenteil zu einem Flamen, wie etwa Jean-Marie Pfaff, diesem lauten Grinsekumpeltypen, bei dem nicht mal nach seinem peinlichen Bundesliga-Einstiegsfehler für Bayern München – Tor nach Einwurf! – ein bisschen Demut einsetzte. Pfaff wurde also belgischer Nationaltorwart. Und Preud'homme, dieser schon in jungen Jahren komplette Torwart, hervorragend auf der Linie, mit großer Übersicht im Strafraum und sachlicher Spielanlage; er musste warten, lange warten.

Das zweite Pech: Bei Standard Lüttich spielte Michel Preud'homme 17 Jahre. Und als seine Sache gerade Fahrt aufzunehmen schien – 1981 Pokalsieger, 1982 und 1983 Meister – und er die Torwartgruselverletzung Handbruch überstanden hatte (weswegen er nicht zur WM nach Spanien konnte), wurde er mit Teamkollegen von Standard für neun Monate gesperrt. Ihr Trainer Raymond Goethals hatte Thor Waterschei, den Gegner im letzten Saisonspiel 1983, bestochen. Über den Skandal platzte ein Wechsel von Preud'homme zum Französischen Meister Girondins Bordeaux ebenso wie seine Teilnahme an der Europameisterschaft.

Das dritte Pech: Als Preud'homme ins Tor von Standard zurückkehren wollte, zog man ihm Gilbert Bodart vor, seinen Schwager. Es war genug.

1986 wechselte Michel Preud'homme zum flämischen Verein KV Mechelen, nach der WM in Mexiko – Preud'homme hatte eine Knieverletzung – löste er endlich Jean-Marie Pfaff im Nationaltor ab. Von da an begann die Karriere des Michel Preud'homme: Belgischer Vizemeister und Pokalsieger (1987), Vizemeister und Sieger im Europapokal der Pokalsieger (1988), Belgischer Meister, europäischer Supercupgewinner und Belgiens »Sportler des Jahres« (1989). 1990 spielte Preud'homme bis zum Viertefinalaus gegen England eine überragende Weltmeisterschaft. Vor dem Turnier hatte der AC Turin einen Wechsel des Torwarts angefragt, Mechelen den Italienern aber abgesagt.

Als er 1994 bei der WM in den USA den Lew-Jaschin-Preis als bester Torwart des Turniers gewann, zog es ihn erstmals weg aus Belgiens Ligafußball. Er wechselte zu Benfica Lissabon, wo er im Alter von 37 Jahren noch einmal Pokalsieger wurde. Zuvor hatte er seinen Rücktritt aus der Nationalmannschaft Belgiens verkündet. Die, sagte Preud'homme still, aber ehrlich, sei ihm mittlerweile einfach zu schwach.

MICHEL GEORGES JEAN GHISLAIN PREUD'HOMME

GEBOREN: 24. Januar 1959 in Ougrée (Belgien)
VEREINE: Standard Lüttich (1977–86), KV Mechelen (1986–94), Benfica Lissabon (1994–99)
LÄNDERSPIELE: 58 (0 Tore) für Belgien (1979–94)

diadora

FERENC PUSKÁS

SEINE SCHWERSTE NIEDERLAGE war die gegen Deutschland, 1954 im WM-Finale. Viereinhalb Jahre lang, 32 Spiele über war Ungarn, das »goldene Team«, ungeschlagen geblieben. Sie hatten bei den Olympischen Spielen 1952 in Helsinki Gold geholt, den Engländern im Wembley-Stadion mit 6:3 die erste Heimniederlage in deren Länderspielgeschichte beigebracht. Die Deutschen hatten sie in der Vorrunde der Weltmeisterschaft in Basel mit 8:3 bezwungen, wobei der Lauterer Werner Liebrich Ferenc Puskás ordentlich einen auf den Knöchel gegeben hatte. Puskás, der Kapitän, genialer Dirigent, gnadenloser Torjäger, Herz der Ungarn.

14 Tage später, am Tag des Endspiels von Bern, war der »Major«, wie Puskás genannt wurde, noch nicht wieder ganz hergestellt. Es war Fritz-Walter-Wetter, und Helmut Rahn schoss aus dem berühmten Hintergrund das 3:2. Puskás, der das 1:0 gemacht hatte, gelang noch der Ausgleichstreffer zum 3:3, der wegen vermeintlichen Abseits vom englischen Schiedsrichter jedoch nicht gegeben wurde. Am Ende verstand Ferenc Puskás die Welt nicht mehr. Ungarn war nicht Weltmeister.

Ferenc Puskás hat es überstanden. Später hat er mehrfach zugegeben, dass die Deutschen an diesem Julitag die bessere Mannschaft waren. Er hatte den Ball nicht wie sonst schnell und direkt weiterleiten können. Seine Präsenz auf dem Platz war nicht wie sonst furchteinflößend gewesen, er hatte nicht wie sonst immer die Kontrolle über das Geschehen behalten.

Nachdem die Sowjets den Aufstand in Ungaren 1956 niedergewalzt hatten, nutzte Puskás eine Auslandsreise seines Clubs Hónved zur Flucht, die FIFA sperrte ihn für 18 Monate, danach hatte der inzwischen 31-Jährige einen neuen Club: Real Madrid. Mit Real gewann er dreimal den Europapokal der Landesmeister, wobei er im Finale 1960 wieder auf eine deutsche Mannschaft traf: Aber Eintracht Frankfurt war bei der 3:7-Niederlage vor 127000 Zuschauern in Glasgow chancenlos. Puskás erzielte vier Tore, die anderem drei für Real machte Alfredo di Stéfano. Mit Madrid gewann Puskás auch den Weltpokal, fünf spanische Meisterschaften und den spanischen Cup, und er wurde viermal Torschützenkönig der Primera Division.

1981 ist Ferenc Puskás kurz in seine Heimat zurückgekehrt, im Nepstadion, das später seinen Namen tragen sollte, ließen die Machthaber ein Spiel zu seinen Ehren veranstalten, von dem Hochverrat, dessen man ihn 25 Jahre zuvor bezichtigt hatte, war nicht die Rede. 100000 kamen, um einem dicken 54-Jährigen zuzusehen. In seinen letzten Jahren litt Puskás an Alzheimer, seinen alten Freund Alfredo di Stéfano erkannte er nicht mehr. Der Major wurde 79 Jahre alt. Er starb in seiner Heimatstadt Budapest, in die er nach der Wende zurükgekehrt war, an einer Lungenentzündung.

FERENC PUSKÁS BIRO

GEBOREN: 2. April 1927 in Kispest (Ungarn)
GESTORBEN: 17. November 2006 in Budapest (Ungarn)
VEREINE: Budapest Honvéd FC (1942–56), Real Madrid (1958–66)
LÄNDERSPIELE: 85 (84 Tore) für Ungarn (1945–56), 4 (0) für Spanien (1961/62)

RAÚL

DER SOMMER 2010 brachte eine große Veränderung für Raúl González Blanco. Nachdem er 16 Jahre lang das schneeweiße Trikot von Real Madrid getragen hatte, wechselte der gebürtige Madrilene in den Kohlenpott. Die Farbe seiner Arbeitskleidung war fortan Königsblau, sein neuer Club der FC Schalke 04, und sein Trainer hieß Felix Magath. Was blieb, war die Nummer sieben auf dem Rücken.

Ein Jahr lang hatte Raúl sich angesehen, wie er nach den Transfers des Portugiesen Cristiano Ronaldo, des Franzosen Karim Benzema und des Braisilaners Kaká auf die Ersatzbank gerückt worden war, und weil er noch ein bisschen Fußball spielen wollte, nahm er das Angebot aus Gelsenkirchen an. »Das Wort ›aufgeben‹ hat für mich nie existiert«, hat er zum Abschied von Madrid gesagt, der in Wirklichkeit kein Abschied für immer ist, weil Raúl aus Gelsenkirchen ja wieder zu seinem Club zurückkehren wird, um dort dann für immer eine Funktion im Verein wahrzunehmen.

Raúl ist im Arbeitervorort San Cristóbal de Los Ángeles aufgewachsen. Sein erstes Ligaspiel für Real hat er mit 17 bestritten, den ersten Meistertitel mit 18 gewonnen, seine erste Biografie ist erschienen, da war er 18, mit 20 dann Champions-League-Sieger. Im Sommer 2003 wurde er Reals neuer Kapitän, im Alter von 26.

Raúl glänzt auf dem Platz, abseits davon hat er wenig anzubieten. Er ist höflich, freundlich, gut aussehend – und das wars. Aber auf dem Platz wird der nette Mann zu einem Killer, einem, der keinen Ball aufgibt, solange noch die Möglichkeit besteht, das Teil ins Netz zu kriegen, wobei das Wie dabei nicht an erster Stelle steht. So richtig schöne Tore hat Raúl in den all den Jahren wenige geschosssen. 323 in 740 Pflichtspielen waren es bis zu dem Tag, als er nach Schalke ging. Kein anderer hat mehr als die 66 Treffer in der Champions League geschossen als Raúl. Sechs Meistertitel hat er gewonnen, dreimal die Champions League, zwei Weltpokale, europäische und spanische Supercups. Das ist seine Vereinsbilanz.

Die in der Nationalmannschaft liest sich nicht ganz so außergewöhnlich. Zwar hat kein Spanier häufiger in A-Länderspielen für sein Land getroffen, 44-mal nämlich, aber bei den drei Weltmeisterschaften und zwei Europameisterschaften, an denen Raúl teilgenommen hat, kam die Selección nie über das Viertelfinale hinaus. Und als er 2006 vom kauzigen Trainer Aragones nicht mehr berücksichtigt wurde, da strahlte Spaniens Nationalmannschaft mit Iniesta und Xavi und wurde zuerst Europa- und dann 2010 Weltmeister. Das ist der kleine Stachel, der Raúl González Blanco manchmal piekst.

RAÚL GONZÁLEZ BLANCO

GEBOREN: 27. Juni 1977 in Madrid (Spanien)
VEREINE: Real Madrid (1994–2010), FC Schalke 04 (seit 2010)
LÄNDERSPIELE: 102 (44 Tore) für Spanien (1996–2006)

FRANK RIJKAARD

DEM DEUTSCHEN BETRACHTER schießt beim Namen Frank Rijkaard gleich die berühmte Lama-Szene in den Kopf: WM 1990, Mailand, Achtelfinale, Deutschland gegen Niederlande – Rijkaard spuckt Rudi Völler in die Lockenpracht, Rote Karten folgen, untypisch für den Weltstar Rijkaard. Zwei Jahre spielte der Niederländer bereits für den AC Milan, die damals beste Vereinsmannschaft der Welt, und er hatte in dieser Zeit zweimal den Europapokal der Landesmeister gewonnen. Obwohl zuvor schon Europameister und mehrfacher Titelträger mit Ajax Amsterdam reifte Rijkaard in seinen fünf Jahren bei Milan unter Konzepttrainer Arrigo Sacchi zum weltbesten defensiven Mittelfeldspieler heran. Er schuf eine neue Rolle im modernen Spiel, die heute als »Sechser« geläufig ist. Dass seine offensiven Landsleute Ruud Gullit und Marco van Basten bei Milan und in der *Elftal* so glänzen konnten, hatten sie dem eleganten Bollwerk Frank Rijkaard zu verdanken.

FRANKLIN EDMUNDO RIJKAARD

GEBOREN: 30. September 1962 in Amsterdam (Niederlande)
VEREINE: Ajax Amsterdam (1980–87), Sporting Lissabon (1987/88), Real Saragossa (ausgel. 1987/88), AC Mailand (1988–93), Ajax Amsterdam (1993–95)
LÄNDERSPIELE: 73 (10 Tore) für die Niederlande (1981–94)

RIVALDO

WEGEN UNTERERNÄHRUNG waren dem Slumkind Rivaldo die Zähne ausgefallen. Als er 1996 im Olympia-Halbfinale den entscheidenden Fehler macht und Brasilien ausscheidet, kennen die Fans kein Mitleid. Rivaldo wechselt nach Spanien zu La Coruña, er ist der teuerste Einkauf der Clubgeschichte, spielt eine tolle Saison und wechselt zum FC Barcelona, wo er der teuerste Einkauf der Clubgeschichte ist. Der Linksfuß wird Meister und Pokalsieger, Fußballer Europas, der Welt, Weltmeister mit Brasilien und zum höchstbezahlten Spieler überhaupt. Dann wechselt er zum AC Milan - ein Missverständnis. Rivaldo kehrt in seine Heimat, kurz darauf nach Europa zurück. Als ihm nach drei Meisterschaften in Folge bei Piräus das Gehalt halbiert wird, geht Rivaldo - erst nach Athen, dann nach Usbekistan, wo er Meistertitel feiert. Dass er seine Zähne damals am Strand verkaufte, um seine Familie durchzubringen, daran denkt heute keiner mehr.

RIVALDO VÍTOR BORBA FERREIRA

GEBOREN: 19. April 1972 in Paulista (Brasilien)
VEREINE: Paulista Pernambuco (1990–91), Santa Cruz FC (1992), Mogi Mirim Esporte Clube (1993), Corinthians São Paulo (1993/94), Palmeiras São Paulo (1994–96), Deportivo La Coruña (1996/97), FC Barcelona (1997–2002), AC Mailand (2002/03), Cruzeiro Belo Horizonte (2004), Olympiakos Piräus (2004–07), AEK Athen (2007/08), Bunjodkor Taschkent (2008–10), Mogi Mirim EC (seit 2011), FC São Paulo (ausgel. seit 2011)
LÄNDERSPIELE: 74 (34 Tore) für Brasilien (1993–2003)

GIANNI RIVERA

DASS ER VOR EIN PAAR JAHREN die »offizielle« Wahl zu Milans Spieler des Jahrhunderts gegen Franco Baresi verlor, hatte Gianni Rivera kommen sehen. Schließlich war er über die Jahre zum großen Gegenspieler von Clubpräsident Silvio Berlusconi aufgestiegen. Nachdem Berlusconi Milan 1986 übernommen hatte, hatte der amtierende Vizepräsident Rivera den Verein verlassen, weil ihm das Wesen Berlusconis missfiel. Von Betrug zu reden, würde einem besonnenen Charakter, der Rivera ist, nicht in den Sinn kommen.

Nachdem er im Alter von 15 Jahren für seinen Heimatverein Alessandria in Italiens höchster Spielklasse debütiert hatte, wechselte Gianni Rivera für die höchste Ablöse, die jemals für einen Jugendspieler bezahlt worden war, zum AC Milan, dessen Trikot mit der Nummer 10 er in den nächsten 19 Jahren nur mit dem der italienischen Nationalmannschaft tauschen sollte. Als 17-Jähriger war er ein Star, als 19-Jähriger gewann er seine erste von vier Meisterschaften. In 501 Spielen für die Rossoneri sind dem Regisseur 128 Tore gelungen, viermal gewann er den nationalen Pokal, jeweils zweimal den Europapokal der Landesmeister und den der Pokalsieger. Rivera war Europameister, Vizeweltmeister und Weltfußballer des Jahres (1969).

Der Mittelfeldspieler mit der großen Übersicht und den gefühlvoll tödlichen Pässen hat an vier WM-Endrunden teilgenommen (1962, 1966, 1970, 1974), wobei er dreimal schon nach der Vorrunde nach Hause reisen durfte, allein 1970 erreichten die Italiener das Finale, auch weil dem 27-jährigen Gianni Rivera im Jahrhundertspiel zuvor gegen Deutschland das entscheidende 4:3 gelungen war. Rivera kam erst zur Halbzeit, weil ihm wie so oft im Nationalteam Sandro Mazzola vom Lokalrivalen Inter vorgezogen worden war – aber er muckte nicht. Sein Stil war das körperlose, elegante, klassische Spiel – auf die Kritik, er scheue Zweikämpfe, reagierte Rivera nicht. So wie er bis heute keinen Spaß findet am rein auf Kraft basierenden Gekicke.

Als er ahnte, dass Milan-Präsident Albini Buticchi ihn im Jahre 1974 loswerden wollte, kaufte die Milan-Legende, unterstützt durch reiche Freunde, die Aktienmehrheit am Verein und setzte sich als Präsidenten ein. »Mein einziges Ziel«, erklärte Rivera dem Magazin »11 Freunde«, »war es, weiter für diesen Klub zu spielen. Als das geschafft war, habe ich mir die Sache, so schnell es ging, wieder vom Hals geschafft. Eine solch große Verantwortung ist nicht meine Sache.« Sagt einer, der heute als Abgeordneter für die Konservativen im Europäischen Parlament sitzt.

GIOVANNI »GIANNI« RIVERA

GEBOREN: 18. August 1943 in Alessandria (Italien)
VEREINE: US Alessandria (1959/60), AC Mailand (1960–1979)
LÄNDERSPIELE: 60 (14 Tore) für Italien (1962–74)

UMBRO
11

ROMÁRIO

ES IST JA NICHT SO, dass man von Romário de Souza Faria nicht schon so einiges gewohnt gewesen wäre, jetzt sitzt er eben auch noch im brasilianischen Parlament, als Abgeordneter der Linkspartei PSB. Bei seinem Debüt auf diesen neuen Spielplatz soll der ehemalige Weltstürmer gegähnt und sich vor Müdigkeit die Augen gerieben haben. Gut, Romário ist eben auch schon Mitte Vierzig.

Wobei es wiederum noch nicht so lange her ist, dass der in der Favela Jacarezinho von Rio de Janeiro stammende Stürmer noch auf dem Spielfeld mit dem grünen Rasen und – für Romário besonders wichtig – den zwei Toren stand. Da musste der Ball rein, das hatte ihm sein Vater und erster Vereinstrainer Edvair de Souza Faria schon in jungen Jahren erfolgreich eingebimst.

Der 1,69 Meter kleine Brasilianer war einer der besten Torjäger der Welt, oder wie Johan Cruijff, sein ehemaliger Trainer beim FC Barcelona, das einmal formulierte: »Aus fünf Chancen macht der drei Tore.« 1994 wurde »der« in den USA Weltmeister, Torschützenkönig und zum besten Spieler des Turniers gewählt. Mehr als 1000 Tore (Selbstauskunft) hat Romário in seiner Karriere geschossen, die ihn aus seiner Heimat nach Europa, später in die Emirate, die USA, nach Australien und immer wieder zurück in seine Heimat Brasilien führte. In zwölf seiner 23 Profijahre war er erfolgreichster Schütze jener Liga, in der er gerade spielte. Die Treffer leisteten ihren Beitrag, damit Romário dreimal Niederländischer, zweimal Brasilianischer und einmal Spanischer Meister werden konnte.

Wenn schöne Frauen und Discotheken mit im Spiel waren, machte »Baixinho«, dem »Kleinen«, das Kicken gleich noch mehr Spaß. Kurz vor der Abreise zur einer Jugend-WM wurde Romário aus dem Kader gestrichen, weil er im Mannschaftshotel sich lieber auf Mädchen statt auf das anstehende Turnier fokussiert hatte. Später, in Valencia und bei Vasco da Gama, schlief er sich nach Nachtlebenbesuchen erst einmal richtig aus, ehe er sich im Hubschrauber zum Training fliegen ließ. Bis ins Alter von 42 Jahren spielte Romário, zuletzt bei Vasco, auch weil er das Geld, was er nicht unter die Leute brachte, nicht immer gut anlegte und bei windigen Geschäften verloren hatte.

Als Profi galt Romário nicht nur als launisch, sondern zudem als trainingsfaul. Bei Fluminense erschien er tagelang nicht zum Training, weil er da »zu viele Kalorien verbrenne«. Eine Haltung, die er sich bewahrt zu haben scheint. Schon am zweiten Sitzungstag war der Abgeordnete Romário nicht anwesend. Er spielte derweil Fußball zum Spaß am Strand von Rio.

ROMÁRIO DE SOUZA FARIA

GEBOREN: 29. Januar 1966 in Rio de Janeiro (Brasilien)

VEREINE: CR Vasco da Gama (1985–88), PSV Eindhoven (1988–93), FC Barcelona, (1993–95), Flamengo Rio de Janeiro (1995/96, 96/97, 98/99), FC Valencia (1996, 1997), CR Vasco da Gama (1999–2002, 05/06, 07/08), Fluminense Rio de Janeiro (2002/03, 03/04), Al-Sadd (2003), Miami FC (2006), Adelaide United (2006)

LÄNDERSPIELE: 70 (55 Tore) für Brasilien (1987–2005)

RONALDINHO

SIE KLINGT ZU GUT, um wahr zu sein, aber diese Anekdote passt, so oder so. Als Ronaldo de Assis Moreira, besser unter dem Namen Ronaldinho bekannt, noch ein Kind war, soll er in einem Spiel einmal alle 24 Tore geschossen haben. Natürlich ist so etwas möglich, aber unwahrscheinlich, wobei man sagen muss, dass das Unwahrscheinliche bei einem wie Ronaldinho ganz naiv als machbar gedacht wird. Versuchen muss man es zumindest.

»Er kommt auf vier Ballberührungen in einer Viertelsekunde, wenn ich das probiere, breche ich mir den Fuß«, hat Ronaldinhos ehemaliger Teamkollege Philipp Cocu einmal den Unterschied zu einem normalen Spieler zu errechnen versucht. Wie speziell - von seiner durchgehend guten Laune mal abgesehen - Ronaldinho ist, dass ahnten die Verantwortlichen bei Paris St. Germain, als sie 2001 den 20-jährigen Brasilianer von Grêmio Porto Alegre unter Vertrag nahmen. Sie hatten natürlich auch dieses spektakuläre Tor gesehen, dass der 19-Jährige bei der Copa América 1999 gegen Venezuela erzielt hatte: Im Strafraum lupfte er den Ball über den Gegenspieler, ließ zwei Verteidiger stehen und schoss ein.

Ronaldinho entpuppte sich bei einer niedrigen Ablöse von vier Millionen Pfund als sensationeller »Schnapp«, denn im Jahr darauf war er ein Weltstar, und er war Weltmeister. Doch als PSG die Qualifikation für den internationalen Wettbewerb verpasste, musste Ronaldinho gehen. Der in einem Tief steckende FC Barcelona bot 30 Millionen Euro an, Ronaldinho wechselt zu den Katalanen, die mit dem Brasilianer einen unerhörten Aufschwung nahmen. Zweimal in Folge wurde Ronaldinho Weltfußballer des Jahres (2004, 2005). Schnell war er, er war brillant im Dribbling, unberechenbar, und er besaß einen ungeheuren Spieltrieb, das alles half Barca zwei Meisterschaften (2005, 2006) und zudem 2006 die Champions League zu gewinnen.

Nach einer enttäuschenden WM in Deutschland lief es nicht mehr so rund wie zuvor: Ronaldinho hatte mit Übergewicht zu kämpfen, auch mit Verletzungen, er trainierte schlecht, und der neue Barca-Trainer Guardiola plante ohne ihn. 2008 ging Ronaldinho zum AC Milan, doch nach 76 Spielen und 20 Toren findet er sich auf der Ersatzbank wieder. Probleme mit dem Trainer, Freude am Nachtleben, es geht nicht gut. Anfang 2011 kehrt Ronaldinho nach zehn Jahren Europa zurück in die Heimat, Flamengo hatte den 30-Jährigen ablösefrei unter Vertrag genommen und ihm das Trikot mit der Nummer 10 reserviert. Mit angeblich 600 000 Euro Monatsgehalt ist Ronaldinho heute der bestbezahlte Angestellte des Vereins, und er hat Ideen, was er nach dem Fußball machen will. Musiker will er werden, Trommler in einer Gruppe namens Tri Samba.

RONALDO DE ASSIS MOREIRA

GEBOREN: 21. März 1980 in Porto Alegre (Brasilien)

VEREINE: Grêmio Porto Alegre (1998–2001), Paris Saint-Germain (2001–03), FC Barcelona (2003–08), AC Mailand (2008–2011), Flamengo Rio de Janeiro (seit 2011)

LÄNDERSPIELE: 88 (32 Tore) für Brasilien (1999–2010)

PHILIPS

RONALDO

MONTAG, DER 14. FEBRUAR 2011, war kein leichter Tag für Ronaldo Luís Nazário de Lima. An diesem Tag verkündete der einstige Superstürmer seinen Rücktritt. Eigentlich hatte sich der 34-Jährige erst Ende des Jahres nach der Copa Libertadores mit dem Fußball Schluss machen wollen. Doch wieder einmal waren starke Schmerzen im Knie des früheren Weltklassestürmers aufgetreten. »Ich habe geweint wie ein Baby«, sagte Ronaldo, dessen Hüftumfang nicht mehr dem eines professionellen Fußballers entsprach, die Schilddrüse soll daran Schuld gewesen sein.

Als austrainierter, antrittsschneller Ronaldo, wie die Fußballwelt ihn kannte, hatte er Millionen verzückt, war zweimal mit der Seleção Weltmeister geworden (1994, 2006). 15 Tore hatte er in WM-Endrunden geschossen, und auch den erratischsten Moment seines öffentlichen Lebens abgeliefert. Am Nachmittag des WM-Finals 1998 hatte Ronaldo starke Schüttelkrämpfe erlitten, am Abend stellte ihn Mario Zagallo auf, Brasilien verlor, Ronaldo war anwesend, mehr nicht. Warum er spielte, obwohl er nicht konnte, darüber ist viel spekuliert worden, aufgeklärt wurde es nie.

400 Tore hat er in seiner Profilaufbahn geschossen. Dreimal ist er Weltfußballer des Jahres gewesen (1996, 1997 und 2002). Europa lernte ihn 1994 kennen. Da verpflichtet der PSV Eindhoven das Talent, und Ronaldo zahlt in Toren zurück: 42 in 46 Ligaspielen werden es. Nach zwei Jahren wechselt er zum FC Barcelona, 1997 zu Inter und gewinnt mit dem Club den UEFA-Cup, fortan heißt Ronaldo nur noch »Il Fenomeno«, das Phänomen.

Erstaunlich ist es in der Tat, was Ronaldo immer wieder abgeliefert hat. Selbst als irgendwann aus dem einstigen Rennpferd Ronaldo das Dickerchen geworden war. Nicht zuletzt zeigte er das bei der WM 2002, als er im Finale jenen von Oliver Kahn nicht festgehaltenen Distanzschuss ersprintete und zum entscheidenden Tor über die Linie drückte. Es war Ronaldos achter Treffer in dem Turnier, er wurde bester Torschütze und mit seinem Wechsel zu Real Madrid von Phänomen zum »Galaktischen« und gleich Spanischer Meister.

Knieprobleme begleiten Ronaldo, seit er 20 ist, 1996 die erste Operation. Bei Inter fällt er 1999 und nach einem Comeback gleich noch mal aus, ab September 2001 kann er endlich wieder spielen. 2008, er ist beim AC Milan zwischengelandet, wieder eine Knieopertaion, die Reha macht er in Brasilien, Corinthians gibt ihm einen Vertrag, und noch einmal liefert er und gewinnt mit dem Club den Brasilien-Pokal. Zum Rücktritt von Ronaldo schrieb der Fußballjournalist Juca Kfouri richtig: »Es sind ja nicht die Spieler, die Abschied vom Fußball nehmen, sondern es ist der Fußball, der irgendwann die Spieler entlässt.«

RONALDO LUÍS NAZÁRIO DE LIMA

GEBOREN: 22. September 1976 in Rio de Janeiro (Brasilien)

VEREINE: Cruzeiro Belo Horizonte (1993/94), PSV Eindhoven (1994–96), FC Barcelona (1996/97), Inter Mailand (1997–2002), Real Madrid (2002–07), AC Mailand (2007/08), Corinthians São Paulo (2009–2011)

LÄNDERSPIELE: 97 (62 Tore) für Brasilien (1994–2006)

CRISTIANO RONALDO

ER LIEBT POSEN. Gerne zeigt Cristiano Ronaldo seinen muskulösen Oberkörper her oder stellt sich vor der Ausführung eines Freistoßes mit gespreizten Beinen waagerecht zum Ball, sein Gesicht ziert ein verwegener Blick. Der Portugiese liebt die Show, für die Geschmäcker von Menschen, die Fußball in erster Linie als sportliches Ereignis wahrnehmen, ist der junge Mann von der Blumeninsel Madeira mit Hang zu Pferdestärken, Mode und hübschen Frauen bisweilen zu viel des Guten.

Erreicht hat der Mittzwanziger Ronaldo bis heute neben großem Aufsehen - 80 000 kamen 2009 zu seiner Catwalk-Vorstellung ins Stadion von Real Madrid - sportlich auch schon so einiges. Bei Manchester United wurde er dreimal in Folge Englischer Meister, er holte die Champions League, wurde »Fußballer des Jahres« in Europa und der Welt sowie bester Torschütze des Kontinents. Um all das zu bekommen, zahlte Real Madrid 94 Millionen Euro an Manchester United. Mehr ist noch für keinen anderen Spieler dieses Planeten angewiesen worden.

An fünf großen Turnieren hat Ronaldo inklusive der Olympische Spiele 2004 teilgenommen, bei der EM 2004 im eigenen Land schaffte er mit 19 den Durchbruch, erreichte als zweifacher Torschütze immerhin das Finale, unterlag dort dem schrecklich spielenden Rehakles-Griechenland. 2006 in Deutschland blieb Platz vier, ein Elfmetertor gegen den Iran. Bei der EM zwei Jahre später stoppte Deutschland Ronaldo, der bis dahin einmal getroffen hatte. Zuletzt sollte die WM 2010 die seine werden, doch statt der großen Show des Solisten Cristiano Ronaldo wurde das Turnier in Südafrika die Bühne für den hypermodernen Kollektivfußball Spaniens. Das von Kapitän Ronaldo geführte Portugal und damit auch er selbst waren an Spanien gescheitert - mit 0:1.

»Mich erfüllt es mit einem gewissen Stolz, der teuerste Spieler der Welt zu sein«, hat Ronaldo mal gesagt. Er ist nicht nur der teuerste Spieler, er hat auch was zu bieten: schnelle Übersteigerserien wie aus einem asiatischen Martial-Arts-Film, ein unglaublicher Antritt. Er ist ehrgeizig, und er kann mit beiden Füßen enorm kraftvoll schießen. Bei Manchester United hat er so viele Treffer binnen einer Saison geschossen wie noch nie zuvor ein Spieler in der 123-jährigen Geschichte des Clubs. Aber die Allergrößten des Spiels ware alle Weltmeister - um das mit Portugal zu schaffen, das ist nicht nur Cristiano Ronaldo klar, wird er sehr viel Glück brauchen. Und dennoch hat man das Gefühl, dem Jungen, der aus einfachen Verhältnissen stammt und dessen Vater am Alkohol starb, fehlt etwas. Und ja, es ist die Gewissheit, der beste Spieler der Welt zu sein. Ein Titel, den Geld jedoch nicht kaufen kann.

CRISTIANO RONALDO DOS SANTOS AVEIRO

GEBOREN: 5. Februar 1985 in Funchal, Madeira (Portugal)
VEREINE: Sporting Lissabon (2001-03), Manchester United (2003-09), Real Madrid (seit 2009)
LÄNDERSPIELE: 80 (26 Tore) für Portugal (seit 2003)

7

HUGO SÁNCHEZ

AN ZWEI POSEN DIESES MANNES erinnert sich die ganze Welt. Pose 1: der fröhliche Handstandüberschlag – und gleich im Anschluss Pose 2: die stolz durchgedrückte Brust gepaart mit arrogantem Torreroblick. So zeigte der 1,75-Meter-Mexikaner Hugo Sánchez an, wenn er mal wieder ins Tor getroffen hatte. Besonders gut gelang ihm das nicht im Trikot der mexikanischen Nationalmannschaft, sondern in Spaniens Hauptstadt, wo er sich in den 1980er-Jahren zunächst bei Atlético, später noch mehr bei Real zum Superstar, zur Tormaschine, zum Experten für Fallrückzieher entwickelte. Fünfmal in Serie wurde Sánchez Meister mit Real, fünfmal war er Torschützenkönig und überhaupt der treffsicherste Nichtspanier in der Primera División (234 Tore). Neben dem UEFA-Cup 1986 gewann er einmal auch den Goldenen Schuh als Europas treffsicherster Stürmer. Und hätte es einen Auszeichnung für den gerissensten Elfmeterschinder und/oder hinterlistigsten Foulspieler Europas gegeben, auch die wäre wohl dem guten »Hugol« zugesprochen worden.

HUGO SÁNCHEZ MÁRQUEZ

GEBOREN: 11. Juli 1958 in Mexiko-City (Mexiko)

VEREINE: Unam Pumas (1976–81), San Diego Sockers (ausgel. 1979/80), Atlético Madrid (1981–85), Real Madrid (1985–92), Club América (1992/93), Rayo Vallecano (1993/94), CF Atlante (1994/95), FC Linz (1995/96), Dallas Burn (1996), Atlético Celaya (1997)

LÄNDERSPIELE: 61 (29) für Mexiko (1977–94)

JUAN ALBERTO SCHIAFFINO

GEHT ES UM DEN GRÖSSTEN TRIUMPH einer Nationalmannschaft Uruguays, liest man immer nur den Namen Alcides Ghiggia. Dabei war der elegante Architekt des himmelblauen 1950er-WM-Teams und dessen bester Spieler Juan Alberto Schiaffino, der im entscheidenden Spiel gegen Brasilien das 1:1 für Uruguay erzielte, Ghiggia schoss das Siegtor zum 2:1. Nach der WM 1954, als Uruguay im Halbfinale Ungarn knapp unterlag, wechselte »Pepe« Schiaffino von Peñarol Montevideo für die Weltrekordablöse von 72 000 Pfund in die Heimat seiner Vorfahren, nach Italien zum AC Milan. Bei seinem Ligadebüt traf er zweimal, dreimal wurde er Meister mit Milan, und er war Teil jener Mannschaft, die das unbesiegbare Real Madrid im Finale des Europapokals der Landesmeister 1958 fast bezwungen hätte. Einen europäischen Titel sollte Schiaffino zum Ende der Karriere noch gewinnen. Als Milan seine Mannschaft neu aufbaute, wechselte er zu AS Rom, wo er den Messe-Pokal gewann, den bis heute einzigen europäischen Titel des Vereins.

JUAN ALBERTO SCHIAFFINO VILLANO

GEBOREN: 28. Juli 1925 in Montevideo (Uruguay)
GESTORBEN: 13. November 2002 in Montevideo (Uruguay)
VEREINE: Peñarol Montevideo (1943–54), AC Mailand (1954–60), AS Rom (1960–62)
LÄNDERSPIELE: 21 (10 Tore) für Uruguay (1946–54); 4 (0 Tore) für Italien (1954–58)

BERND SCHUSTER

LANGE HAT BERND SCHUSTER es in der deutschen Nationalmannschaft nicht ausgehalten. Nur 21 Einsätze, darunter jene eindrucksvollen Auftritte, mit denen der 20-Jährige zum Gewinn des Europameistertitels 1980 maßgeblich beitrug. An einer WM hat Bernd Schuster nie teilgenommen: 1978 war er zu jung, 1982 verletzt, dann überwarf er sich mit Bundestrainer Jupp Derwall und dem DFB. Vor der WM 1986 forderte er zuerst eine Million Mark Antrittsprämie, um dann zu erklären, er werde nie mehr für Deutschland spielen. So entging der Nationalmannschaft ihr wahrscheinlich elegantester Spielmacher.

Im Arbeitsleben von Bernd Schuster hat es oft gekracht und meistens auch gleich richtig, auch wenn nicht immer ganz klar wurde, weshalb. Schuster hat sich nicht nur mit Verbänden, sondern auch mit jedem seiner Vereine irgendwann angelegt (»Ich hatte vor nichts Angst.«). Zurück blieb gerne verbrannte Erde. Die wurde gern seiner Ex-Frau Gaby angelastet, die Schuster in seiner Zeit beim 1. FC Köln kennengelernt und zu seiner zäh verhandelnden Managerin gemacht hatte. Von da an waren Gaby und Bernd in der heimeligen Männerfußballwelt ein Problem.

Von Köln wechselte Schuster für 3,6 Millionen Mark Ablöse zum FC Barcelona, er führte Barca zur ersten Meisterschaft seit elf Jahren, doch als er im Europapokal-Finale ausgewechselt wird, haut Schuster getroffen nach Ibiza ab. Präsident Nuñez will ihn verkaufen, Schuster weigert sich, er sitzt seinen Vertrag aus – und revanchiert sich mit dem Wechsel zum Rivalen Real Madrid.

Wie schon in Barcelona hat Schuster erneut Startschwierigkeiten, wird aber schnell zum großen Regisseur und gewinnt in seinen zwei Jahren zwei Meisterschaften, ehe man den deutschen Eigenbrötler wegen mangelnder Teamfähigkit ohne Ablöse ziehen lässt. Überraschend heuert der bei Reals Stadtrivalen Atlético an und gewinnt dort 1991 und 1992 den spanischen Pokal. Atlético ist wieder eine Spitzenmannschaft und Schuster der erste Spieler der mit Barça, Real und Atlético Pokalsieger wurde. 1993 kündigt er seinen Vertrag vorzeitig.

Er geht zu Bayer Leverkusen. Leverkusen will durch Schuster weltmännisches Flair und Inspiration erhalten, ein bisschen funktioniert das auch, man kommt ins Halbfinale des UEFA-Cups, aber ein Titel springt für den Werksclub nicht heraus. Für Schuster schon: Bei der Wahl zum »Tor des Jahres« belegt er mit drei Toren die ersten drei Plätze. Doch als Erich Ribbeck neuer Bayer-Trainer wird, kommt es zu einem Rechtstreit mit dem inzwischen 36-Jährigen. Schuster erhält eine Abfindung und geht wieder einmal vorzeitig. »Der beste Fußballer, den ich je im Training hatte«, hat Hennes Weisweiler mal über Bernd Schuster gesagt.

BERND SCHUSTER

GEBOREN: 22. Dezember 1959 in Augsburg (Deutschland)
VEREINE: 1. FC Köln (1978–80), FC Barcelona (1980–88), Real Madrid (1988–90), Atlético Madrid (1990–93), Bayer 04 Leverkusen (1993–96), Unam Pumas (1996/97)
LÄNDERSPIELE: 21 (4 Tore) für Deutschland (1978–84)

adidas
DEUTSCHER
FUSSBALL-BUND

adidas
ACM
1899
bwin

CLARENCE SEEDORF

CLARENCE SEEDORF IST KEIN einfacher Charakter. Als kompliziert, selbstherrlich wird er beschrieben, ein Arroganzling sondergleichen, und, was in der Fußballwelt noch immer nicht gut ankommt, schlauer als die meisten seiner Mitspieler ist er auch noch. »Die Triebfeder meiner Existenz ist meine Neugier« – wer solche Aussagen macht, gilt als verdächtig, beim AC Milan hat man ihn deshalb auch »Il Professore« genannt.

Und es gab Zeiten, da wurde der in der ehemaligen niederländischen Kolonie Surinam Geborene bei Spielen der *Elftal* von den eigenen Fans ausgepfiffen. Der Eigenbrötler und Lustspieler war insbesondere beim sogenannten »Generationenstreit«, einer Auseinandersetzung weißer und schwarzer Spieler im Zuge der EM 1996, als Rädelsführer ausgemacht worden. Seedorf, so die Meinung seiner Kritiker, war die eigene Sache stets näher war als der Erfolg im orangefarbenen Kollektiv.

Was auf Nationalmannschaftsebene nicht funktionierte und 2008 zum Rücktritt Seedorfs führte, auch weil er sich überhaupt nicht mit dem damaligen Bondscoach Marco van Basten verstand (»Er mag micht nicht.«), klappte im Verein zumindest erfolgreicher; immer wieder geriet der meinungsfreudige Spieler aber auch hier mit Trainern und Mannschaftskollegen aneinander.

Mit 16 Jahren absolvierte Seedorf sein erstes Spiel als Profi für Ajax, als 18-Jähriger war er Niederländischer Meister, debütierte in der Nationalmannschaft, und ein Jahr später gewann er mit dem Club die Champions League. Es folgten Finalerfolge in der Königsklasse mit Real Madrid (1998) und dem AC Milan (2003 und 2007). Damit ist Seedorf der einzige Spieler, der mit drei Clubs die seit 1992 ausgespielte Champions League gewinnen konnte.

An seiner Schnelligkeit hat es nicht gelegen, dass Seedorf diese Erfolge möglich wurden, denn der Mittelfeldspieler ist auf dem Platz immer schon langsamer unterwegs gewesen. Doch den Mangel kompensiert Seedorf durch exzellentes Stellungsspiel, feine Technk, großen Kraftaufwand und seine immense Erfahrung. Seine erfolgreichste Rolle war die eines Zerstörer-Antreibers, er selbst nahm sich stets eher als Regisseur wahr.

In diesem Jahr läuft der Vertrag des Mannes mit der Nummer 10 beim AC Milan nach neun Jahren aus, und sollte dies tatsächlich das Ende der aktiven Karriere sein, wird Clarence Seedorf künftig mehr Energie in seine Stiftung »Champions for Children« stecken. Die hilft benachteiligten Kindern und Jugendlichen in Surinam, Brasilien, Kambodscha, Kenia und den Niederlanden auf die Beine. Nicht nur zum Fußballspielen.

CLARENCE CLYDE SEEDORF

GEBOREN: 1. April 1976 in Paramaribo (Surinam)

VEREINE: Ajax Amsterdam (1992–1995), Sampdoria Genua (1995/96), Real Madrid (1996–99), Inter Mailand (2000–02), AC Mailand (seit 2002)

LÄNDERSPIELE: 87 (11 Tore) für die Niederlande (1994–2008)

UWE SEELER

IN DIESEM JAHR wird der Hafenarbeitersohn Uwe Seeler 75 Jahre alt. Sicher wird anlässlich des Dreivierteljahrhunderts »uns Uwe« wieder die Geschichte erzählt, wie Seeler auch den größten (Geld-)Verlockungen aus dem Ausland widerstanden hat, um bei »seinem« Hamburger SV zu bleiben. Selbst eine Million Mark Handgeld von Inter Mailand hat er damals liegen lassen. Deutscher Meister 1960 und Pokalsieger 1963 wurde er – einen der großen internationalen Titel hat der Vizeweltmeister von 1966 und Europapokalfinalist 1968 in seiner 1300 Spiele langen Karriere nicht gewonnen. Und doch hält der 40-fache Nationalmannschaftkapitän einen ehern wirkenden Rekord: Seeler ist der einzige Spieler, der bei jeder seiner vier Teilnahmen an WM-Endrunden mindestens zwei Tore erzielte – und das hat nicht mal der große Pelé geschafft.

UWE SEELER

GEBOREN: 5. November 1936 in Hamburg (Deutschland)
VEREINE: Hamburger SV (1953–72), Celtic Cork (1978)
LÄNDERSPIELE: 72 (43) für Deutschland (1954–70)

ANDRIJ SHEVCHENKO

ENTDECKT WURDE DER NEUNJÄHRIGE Andrij Shevchenko auf einem Bolzplatz der Kiewer Plattenbausiedlung Obolon. Unter dem Dynamo-Trainer Walerij Lobanowski reifte Shevchenko. 1999 scheiterte er mit Kiew erst im Halbfinale der Champions League an Bayern München, wechselte danach zum AC Milan. In seiner Premierensaison in der Serie A traf er 24-mal – das hatte kein Ausländer in seinem ersten Jahr in Italien erreicht, nach sechs Spielzeiten waren es im torarmen Calcio 127 Treffer in 208 Spielen. »Schewa« war ein Held. Als er 2003 die Champions League gewonnen hatte, brachte er den Pokal zum Dank ans Grab seines Ex-Trainers Lobanowski. Nur einmal nahm Shevchenko an einer WM teil, 2006 in Deutschland, danach ging er für 51 Millionen Euro Ablöse zum FC Chelsea, auf Wunsch von dessen Besitzer Roman Abramowitsch. Das sollte sich – wie auch sein Comeback-Versuch in Mailand – als wenig nachhaltige Idee erweisen.

ANDRIJ MYKOLAJOWYTSCH SHEVCHENKO

GEBOREN: 29. September 1976 in Dwirkiwschtschyna (Sowjetunion)
VEREINE: Dynamo Kiew (1994–99), AC Mailand (1999–2006), FC Chelsea (2006–2008), AC Mailand (2008/09), Dynamo Kiew (seit 2009)
LÄNDERSPIELE: 100 (45 Tore) für Ukraine (seit 1995)

MATHIAS SINDELAR

LANGE ZEIT hat man in dem in Mähren geborenen, im Wien der 1930er-Jahre zum Star gewordenen Mathias Sindelar (sprich: Schindelar) einen Mann gesehen, der sich mit spielerischer Eleganz dem Nazi-Regime widersetzte. So habe der »Papierne«, wie Sindelar wegen seiner spindeldürren Figur genannt wurde, nach dem Anschluss Österreichs Einberufungen zu Lehrgängen der großdeutschen Nationalmannschaft abgelehnt, aus »politischen Gründen«, wie das Reichstrainer Sepp Herrberger formulierte. Als Höhepunkt der Renitenz Sindelars wird jenes Tor ins Feld geführt, das er 1938 im »Anschlussländerspiel« zwischen Österreich und Deutschland in Wien erzielt hat; angeblich war den Gastgebern das Toreschießen »von oben« untersagt gewesen.

Die quasi-amtliche Festschreibung des Fußballers als verzweifelter Nazigegner lieferte ein Freund Sindelars, der jüdische Schriftsteller Friedrich Torberg: »Sein Überblick ließ ihn erspüren, dass seine Chance im Gashahn lag«, schrieb Torberg in seinem berühmten Gedicht »Auf den Tod eines Fußballers«. Doch selbst der als verbrieft geltende Freitod des Stars der Wiener Austria in einer Januarnacht 1939 ist wenigstens umstritten. Über die Jahre mehrten sich Anzeichen, dass der 35-jährige Sindelar und seine Geliebte in der Annagasse 3 einem Unfall zum Opfer gefallen sein könnten, das Ofenrohr war defekt.

Bereits in den 1970er-Jahren, vor allem aber 2003, dem Jahr von Sindelars 100. Geburtstag, wurde weiter am Mythos geruckelt. In einem Beitrag der Wiener Stadtzeitung »Falter« wurde aus einem NSDAP-Schreiben zitiert, in dem Sindelar als »Parteigenosse« bezeichnet wird. So konnte er 1939 das arisierte Kaffeehaus des Juden Leopold Simon Drill übernehmen, in dem er zuvor als Gast verkehrt und Karten gespielt hatte. War Sindelar, der Mann aus dem Arbeiterstadtteil Favoriten, am Ende gar ein Nazi? Eine Frage, die wohl nie erschöpfend beantwortet werden wird.

Was bleibt, sind die sportlichen Leistungen von Österreichs bestem Fußballspieler. Die beiden Siege im Europapokal-Vorläufer Mitropa-Cup mit Austria Wien (1933, 1936) und natürlich Sindelars sensationelle Vorstellungen als Stürmer im »Wunderteam« von Nationaltrainer Hugo Meisl. In den Jahren 1931 und 1932 blieb Österreich 14-mal in Folge ungeschlagen, bezwang Deutschland in dieser Phase 5:0 und 6:0. Als Topfavorit fuhren die Österreicher zur WM 1934, wo Sindelar im Halbfinale gegen Gastgeber Italien von Gegenspieler Monti kaputtgetreten wird. Der Schiedsrichter schaut einfach weg, Italien gewinnt das Spiel 1:0, wird Weltmeister, und der Faschist Benito Mussolini bekommt, wofür er bezahlt hat – aber das ist eine andere Geschichte.

MATHIAS SINDELAR

GEBOREN: 10. Februar 1903 in Kozlau (Österreich-Ungarn)
GESTORBEN: 23. Januar 1939 in Wien (Österreich)
VEREINE: FK Austria Wien (1924–39)
LÄNDERSPIELE: 43 (26 Tore) für Österreich (1926–37)

SÓCRATES

ES GIBT DA DIESE GESCHICHTE, dass Sócrates Brasileiro Sampaio de Souza Vieira de Oliveira in Dublin, Irland, Medizin studiert haben soll. Diese Geschichte ist erfunden. Sócrates Brasileiro Sampaio de Souza Vieira de Oliveira hat seinen Doktor in Medizin an der Universität seiner Heimstadt Ribeirão Preto im Bundesstaat Sao Paulo erworben, dort praktiziert er heute noch als Sportmediziner.

Es gibt da diese Geschichte von den »Fantastischen Vier«, den Fußballern Zico, Falcão, Toninho Cerezo und Sócrates, die vor fast 30 Jahren das Mittelfeld der brasilianischen Mannschaft bildeten, eine ungeheure Ansammlung von Weltklassespielern, unschlagbar. Auch diese Geschichte ist falsch, zumindest aber mit dem Makel behaftet, dass dieses Quartett bei WM-Endrunden nie den hohen Erwartungen seiner Landsleute gerecht werden konnte.

Besonders schlimm war das 1982 in Spanien. Sócrates nahm erstmals am größten Turnier des Fußballs teil, noch dazu als Kapitän Brasiliens, das als kilometerhoher Favorit im letzten und entscheidenden Spiel der Zwischenrunde an Italien scheiterte. Dem deutschen Magazin »Spiegel« verriet der dürre Mann mit dem Fusselbart Jahre später den Grund für das Scheitern: »Weil wir ein Spektakel bieten wollten, obwohl uns ein Unentschieden gereicht hätte. Man mag das töricht nennen, aber wir konnten nicht anders. Unser Ausscheiden war das Ende einer Idee.« Vier Jahre später verschoss Sócrates im WM-Viertelfinale gegen Frankreich den entscheidenden Elfmeter im Elfmeterschießen.

Der 1,91 Meter lange Sócrates war ein Vorbereiter, seine genialen raumöffnenden Pässe, die er mit beiden seiner kurzen Füße (Schuhgröße 41) zirkeln konnte, waren gefürchtet, sein eigener Abschluss nicht minder. Sócrates unterschied sich vom Gros seiner Mitspieler. Seine Idole hießen: John Lennon, Fidel Castro und Che Guevara. Er rauchte Kette und trank, kultiviert. Und vor der Unterschrift unter seinen ersten Profivertrag 1974 bei Botafogo hatte sein Vater festlegen lassen, dass Sócrates die Zeit haben müsse, sein Studium zu beenden.

Es passte ins Bild, dass er in Europa nicht nach Madrid, sondern ins schöne, kulturdurchtränkte Florenz wechselte, wo er es nur ein Jahr aushielt, weil er sich im europäischen Fußball in der Kultur eingeengt fühlte und ihn das Heimweh plagte: »Der brasilianische Fußball basiert auf Kreativität, auf absoluter Freiheit. Er ist unorganisiert wie die brasilianische Gesellschaft.« Sócates war und ist ein politischer Mensch. Zu Zeiten der Militärdiktatur hatte er mehrmals öffentlich mehr Demokratie eingefordert, bis heute setzt sich Südamerikas »Fußballer des Jahres« 1983 für die sozial Benachteiligten in seinem Land ein.

SÓCRATES BRASILEIRO SAMPAIO DE SOUZA VIEIRA DE OLIVEIRA

GEBOREN: 19. Februar 1954 in Belém (Brasilien)

VEREINE: Botafogo (1974–78), Corinthians São Paulo (1978–84), AC Florenz (1984/85), Flamengo (1985–88), FC Santos (1988–90), Garforth Town (2004)

LÄNDERSPIELE: 60 (22 Tore) für Brasilien (1979–86)

ALFREDO DI STÉFANO

GLAUBEN KANN MAN das eigentlich nicht. Eine Weltmeisterschaft hat Alfredo di Stéfano, dieser Fußballgigant der 1950er- und 1960er-Jahre nie gespielt - aus einer Reihe von Gründen: Als er für Argentinien hätte antreten können, nahm die Mannschaft 1950 und 1954 nicht am Turnier teil, weil viele ihrer Leistungsträger nicht in der heimischen Liga, sondern irgendwo anders auf der Welt spielten und an eine geordnete Vorbereitung so nicht zu denken war. Als di Stéfano 1958 für Spanien spielberechtigt war, qualifizierten die sich nicht. Und 1962 war Spanien qualifiziert, di Stéfano war im Kader, aber verletzt, Rückenbeschwerden strahlten schmerzvoll ins Bein ab. Es gibt Menschen, die annehmen, dass, hätte di Stéfano je die größte aller Fußballbühnen betreten, er am Stuhl von Pelé hätte rütteln können.

Die Millionarios aus Bogota, Kolumbien, hatten den schnellen Mittzwanziger aus Argentinien verpflichtet, und so kam di Stéfano im März 1952 auf einer dieser Gastspieltouren nach Spanien, wie sie südamerikanische Clubs in dieser Zeit gerne unternahmen - nicht zuletzt der Antrittsprämien halber. In Madrid wurde ein Miniturnier gespielt, und nachdem di Stéfano am ersten Abend beim 2:2 gegen das schwedische Team aus Norköpping nicht nur beide Tore geschossen hatte, sondern offenbar auch eine göttliche, leichte, über allem schwebende Vorstellung abgeliefert hatte, da entbrannte ein Wettrennen zwischen Real Madrid und dem FC Barcelona um diesen außergewöhnlichen Spieler.

Barcelona machte den ersten Schritt, und tatsächlich reiste di Stéfano nach Spanien, um an der Costa Brava einige Freundschaftskicks im Barca-Trikot zu spielen. Was dann passierte, lässt sich in der Rückschau nicht eindeutig klären, am Ende jedenfalls wurde di Stéfano nicht kongenialer Partner des Ungarn Ladislao Kubala, sondern ein Königlicher, eine Real-Legende unvorstellbaren Ausmaßes.

In seinen elf Jahren in Madrid gewann di Stéfano acht Meistertitel, fünfmal war er der beste Torschütze der Liga. Und natürlich half er maßgeblich, fünf Europacups im Landesmeisterwettbewerb in die Hauptstadt zu holen. Er, den sie wegen seiner blonden Haare »El alemán« nannten, herrschte mit der Nummer 9 auf dem Rücken in dieser Mannschaft. Spieler, die er nicht mochte, konnten die Sachen packen. Di Stéfano war der Verein.

Am Ende ging man in Madrid so mit ihm um, wie er es in den Jahren zuvor mit vielen anderen gemacht hatte. Di Stéfano, inzwischen 37, wollte weiterspielen, sein Trainer und Ex-Mannschaftskollege Miguel Muñoz war anderer Meinung. Und als der Trainer sich durchsetzte, ging di Stéfano enttäuscht zu Español Barcelona, zeigte aber dort, weshalb Real richtig getan hatte, den Vertrag nicht zu verlängern. Was den Fußball seiner Zeit im Gegensatz zu dem von heute ausmache, ist di Stéfano in einem Interview mit der »Süddeutschen Zeitung« einmal gefragt worden. »Früher war der Fußball romantischer. Bohème«, hat er gesagt.

ALFREDO STÉFANO DI STÉFANO LAULHÉ

GEBOREN: 4. Juli 1926 in Buenos Aires, Argentinien

VEREINE: CA River Plate (1945–49), CA Huracán (ausgel. 1946/47), CD Los Millionarios (1949–53), Real Madrid (1953–64), RCD Español (1964–66)

LÄNDERSPIELE: 6 (6 Tore) für Argentinien (1947), 4 (0) für Kolumbien (1949) und 31 (23) für Spanien (1957–61)

CHRISTO STOITSCHKOW

BEIM TORJUBEL sprang Christo Stoitschkow immer kompakt vom Boden ab, dann zischte seine rechte Faust wie bei einem Boxerhaken hoch – und als er mit beiden Beinen auf den Boden stand, da spürte man es in ihm gewaltig lodern. Als Spieler war der Bulgare ein hochexplosives Gemisch aus Aggressivität, Torgefährlichkeit und irrer Selbstüberschätzung. Belege dafür gibt es reichlich, ein ausgewählter: Als er mit dem Armeesportklub ZSKA in Sofia das nationale Pokalfinale verloren hatte, ging er in die Kabine des Siegers und bat höflich, den Cup, den er nicht hatte gewinnen können, in die Hand nehmen zu dürfen. Großherzig überließen ihm die Sieger die Trophäe, die Stoitschkow nahm und zu Boden warf.

Schon der Dienstantritt des 18-jährigen Stoitschkow beim Hauptstadtklub fiel speziell aus. Als der Neue von Georgi Dimitrow, dem Kapitän von ZSKA und der Nationalelf, gefragt wurde, wer er sei, erhielt er zur Antwort: »Ich bin Christo Stoitschkow, und wer bist du?« Es dauerte jedoch ein wenig, bis diese Gegenfrage nicht mehr ganz so unhöflich war. Als Stoitschkow in der Saison 1989/90 in 30 Spielen 38-mal das Tor traf, wurde er Europas Torschützenkönig. Der große FC Barcelona, gegen den der Bulgare im Europacup der Vorsaison drei Tore gemacht hatte, sicherte sich die Dienste des Nationalstürmers, und es dauerte nicht allzu lange, da hatten ihm die Barca-Fans den Spitznamen »El Pistolero« verpasst.

Stoitschkow machte keine Gefangenen, wann immer sich die Gelegenheit bot, raste er in Trommelschritten los und knallte aufs Tor. Oft zum Leidwesen aussichtsreich postierter Mitspieler. Aber der eigenwillige Stürmer trug so maßgeblich zum Gewinn von vier Meisterschaften sowie den Siegen im Europapokal der Pokalsieger (1991) und Europapokal der Landesmeister (1992) bei.

Bei der WM 1994 in den USA bringen sechs Tore Stoitschkow gemeinsam mit dem Russen Salenko die Torjägerkrone, auf dem Weg ins Halbfinale schlägt er auch gegen Deutschland zu. Er wird Europas »Fußballer des Jahres« und ist in seinem eigenen Olymp angekommen.

Als Barcelona nach der WM den Brasilianer Romário verpflichtet, spielt Stoitschkow schlecht. Beleidigt ist er wie ein kleines Kind, dem nicht mehr die ungeteilte Aufmerksamkeit zuteil wird. Er geht zum AC Parma, verdient viel Geld und scheitert. Nach einer Saison ist er weg und zurück in Barcelona, wo er jedoch nicht mehr mit dem Stoitschkow der Vergangenheit mithalten kann. Der neue Star im Nou Camp heißt Ronaldo, und der Zirkus Stoitschkow schleicht sich, auf Tingeltour durch Saudi-Arabien, Bulgarien, Japan. Kurz scheint die USA zu einer neuen Heimat zu werden. Heute ist Stoitschkow als Trainer immer noch auf der Suche nach seiner Magie, die aber ist irgendwo in den 1990er-Jahren unwiederbringlich hängen geblieben.

CHRISTO STOITSCHKOW

GEBOREN: 8. Februar 1966 in Plowdiw (Bulgarien)

VEREINE: Hebros Harmanli (1982-84), ZSKA Sofia (1984-90), FC Barcelona (1990-95), AC Parma (1995/96), FC Barcelona (1996-98), ZSKA Sofia (1998), Al-Nasr (1998), Kashiwa Reysol (1998/99), Chicago Fire (2000-02), D.C. United (2003)

LÄNDERSPIELE: 83 (37 Tore) für Bulgarien (1987-99)

FRITZ WALTER

EINE ECHTE CHANCE jemals von seinem Club wegzukommen, besaß Fritz Walter nie. Seine Eltern bewirtschafteten das Restaurant des 1. FC Kaiserslautern, jenes Vereins, in dessen Nachwuchsateilung der kleine Friedrich mit sieben Jahren eintrat, für den er ein halbes Leben lang kickte und dessen Stadion nach dem Tod des größten Spielers der FCK-Geschichte dessen Namen erhielt: Fritz-Walter-Stadion.

Ob Atlético Madrid, Inter Mailand, Nancy oder Paris anfragten und große Welt nebst großem Geld versprachen – Walter blieb in der Pfalz, am Betzenberg. Er hatte einen Weltkrieg in Kopf und Knochen, er hatte Tote gesehen, und er hatte diesen ganzen nationalsozialistischen Wahnsinn überlebt. Und dann hatte er als Kapitän mit dem unerwarteten Sieg im WM-Finale von Bern 1954 gegen die Übermannschaft Ungarn einem Land mindestens die Freude am Leben wiedergegeben. Dem konservativen Historiker Joachim Fest bedeutete das 3:2 gegen Ungarn im Wankdorfstadion ungleich mehr. Walter, so Fest, sei der mentale Gründungsvater und das Endspiel von Bern das eigentliche Gründungsdatum der Bundesrepublik Deutschland gewesen. Man kann das so sehen.

Fritz Walter hat es anders betrachtet, nicht allein seiner viel zitierten Bescheidenheit halber. Sein »Spiel des Lebens« hatte nicht am 4. Juli 1954 im Regen von Bern stattgefunden, sondern bereits einige Jahre zuvor. In einem sogenannten Repatriierungslager der sowjetischen Armee nahe Sighet, das im Norden Rumäniens an der Grenze zur heutigen Ukraine lag. Dort nahm der in Folge eines Malaria-Anfalls geschwächte Walter 1945 an einem Fußballspiel teil. Die mitspielenden Wachsoldaten erkannten den deutschen Nationalspieler, und er wurde dem sowjetischen Lagerkommandanten vorgeführt, der dann dafür gesorgt haben soll, dass Fritz und sein ebenfalls internierter jüngerer Bruder Ludwig nicht nach Sibirien verbracht wurden.

Auf dem Fußballfeld gab Walter zwar oft den Anführer, tatsächlich aber war er ein brüchiger, hochsensibler Charakter, selbstzweiflerisch veranlagt, der seine Stärken erst anbringen konnte, wenn die Dinge um ihn herum gut liefen. Siege waren schön und gut, schnell abgehakt. Schlimm war es nach Niederlagen, da zerfraß Walter sich, oft tagelang. Dann musste er von seinem Bruder Ottmar oder seiner Frau Italia in mühsam einfühlsamer Arbeit wieder aufgerichtet werden. Auch der Ängste wegen mag ihm die große weite Welt nicht das Ziel gewesen sein. Kaiserslautern war Fritz Walter mehr als nur genug.

FRIEDRICH »FRITZ« WALTER

GEBOREN: 31. Oktober 1920 in Kaiserslautern (Deutschland)
GESTORBEN: 17. Juni 2002 in Enkenbach-Alsenborn (Deutschland)
VEREINE: 1. FC Kaiserslautern (1938–59)
LÄNDERSPIELE: 61 (33 Tore) für Deutschland (1940–58)

GEORGE WEAH

BIS HEUTE IST ER AFRIKAS einziger »Weltfußballer des Jahres«. Dabei hat George Weah mit seinem Heimatland Liberia nie an einer WM-Endrunde und überhaupt auch nur an zwei Finalturnieren des Africa-Cups teilgenommen.

Weahs Reputation als bulliger, dennoch schneller, abschlussfreudiger Stürmer mit großartiger Schusstechnik rührt aus seinen Jahren im europäischen Clubfußball. Im Alter von 21 Jahren wechselt er in die Ligue 1 nach Frankreich zu AS Monaco und zu deren Trainer Arsène Wenger. Er habe sich, sagte Wenger einmal, gefühlt, »wie ein Kind, dass an Ostern im Garten einen Schokoladenhasen findet.« 47 Tore in 103 Ligaspielen schießt Weah für Monaco, mit Paris St. Germain sorgt er danach für Furore in der Champions League. Er wird dort Torschützenkönig, ehe er zu Milan wechselt, wo er in fünf Jahren zwei Meisterschaften gewinnt, in 114 Spielen 46 Tore macht und zur Legende wird.

GEORGE MANNEH OPPONG OUSMAN WEAH

GEBOREN: 1. Oktober 1966 in Monrovia (Liberia)
VEREINE: Young Survivors Clareton (1981–84), Bongrange Company (1984/85), Mighty Barolle (1985/86), Invincible Eleven (1986/87), Africa Sports National (1987), Tonnerre Yaoundé (1987/88), AS Monaco (1988–92), Paris Saint-Germain (1992–95), AC Mailand (1995–2000), FC Chelsea (ausgel. 2000), Manchester City (2000), Olympique Marseille (2000–01), Al-Jazira Club (2001–03)
LÄNDERSPIELE: 60 (22 Tore) für Liberia (1988–2002)

ZICO

DAS GROSSE PECH des Fußballers Zico waren Michel Platini und Diego Maradona. Ohne den Franzosen, den Argentinier und etliche Verletzungen wäre Zico der beste Mittelfeldspieler seiner Zeit gewesen, so war er *par inter pares* – und die wichtigen Titel gewannen die anderen beiden. Nach drei Teilnahmen an WM-Endrunden blieben Zico am Ende ein Sieg bei der Copa Libertadores, ein Weltpokal, vier Brasilianische Meisterschaften und die Ehre, dreimal zum »Fußballer des Jahres« in Südamerika gewählt worden zu sein – trotz Maradona. Zicos Geschäft war das Torevorbereiten, im Zweifelsfall schoss er auch selbst gern ein, besonders per filigranem Freistoß, und gern im Trikot von Flamengo Rio de Janeiro. Für »Fla« war er insgesamt 16 Jahre – unterbrochen nur von zwei Jahren in Udine – am Ball. Er wechselte in die neu geschaffene japanische Profiliga, wurde deren erster Meister und blieb ein *Kamisama*, ein Fußballgott.

ARTHUR ANTUNES COIMBRA

GEBOREN: 3. März 1953 in Rio de Janeiro (Brasilien)
VEREINE: Flamengo (1971–83), Udinese Calcio (1983–85), Flamengo (1985–89), Sumitomo Metal Industries Kinozoku (1991/92), Kashima Antlers (1991–94)
LÄNDERSPIELE: 88 (66 Tore) für Brasilien (1976–86)

ZINÉDINE ZIDANE

DER ABGANG war unwürdig und doch folgerichtig. Es war einer dieser wiederkehrenden Momente in der Laufbahn Zinédine Zidanes, in denen dem Franzosen die Kontrolle über seine Gefühlswelt auf dem Spielfeld entglitt. 14-mal ist der Spieler Zidane vom Platz gestellt worden. Zu seiner Verteidigung kann angebracht werden, dass die Aggression des Ballkünstlers stets eine Erwiderung vorangegangener Provokationen war.

Zidanes aufmerksamkeitsträchtigster Kurzschluss geschah in der Verlängerung des Weltmeisterschaftsfinales 2006 von Berlin, als der zuvor vom Italiener Marco Materazzi provozierte Zidane seinen Kopf nach vorn mitten auf die Brust seines Gegenspielers stieß: Rot, raus, aus. Da interessierte für einen Moment das Spiel nicht mehr, allen – von den Anhängern der italienischen Mannschaft einmal abgesehen – war bewusst, welcher Abgrund sich da aufgetan hatte. Und natürlich holte Italien im Elfmeterschießen dann jenen Titel, den Zidane zum Abschied noch ein zweites Mal gewinnen wollte.

Frankreichs neben Michel Platini größter Spieler stammt aus La Castellane, einer Vorstadt von Marseille, einer dieser Vorstädte, in denen sich die sozial benachteiligte Franzosen und Migranten ballen. Hohe Arbeitslosigkeit, Armut, sozialpolitisches Dynamit, aber »Yazid«, wie sie Zinédine zu Hause nennen, Sohn einer aus Algerien eingewanderten Familie, wuchs inmitten dieses Umfelds in sogenannten geordneten Verhältnissen auf. Seine Mutter hatte 3000 Francs gespart, damit ihr Sohn an einem Sommertrainingslager unter der Leitung des großen Michel Platini teilnehmen konnte. Auf dem Betonboden eines engen Bolzplatzes in La Castellane hat Zidane sich sein herausragendes Flachpassspiel angeeignet. Dort lernte er auch, sich zu wehren.

Über Cannes und Bordeaux brach Zidane in die große Fußballwelt auf, spielte für die Rekordmeister Italiens und Spaniens, für Juventus Turin und Real Madrid. Und er gewann auf diesem Weg so ziemlich alles, was es zu gewinnen gab: Weltmeister (1998) und Europameister (2000) wurde er. Er siegte in der Champions League (2002), im Weltpokal (1996, 2002), wurde Meister in Italien (1997, 1998), in Spanien (2003). Er wurde zum besten Spieler Europas, Spaniens, Italiens und Frankreichs gewählt – schließlich dreimal zum Weltfußballer des Jahres 1998, 2000 und 2003. Die Liste seiner persönlichen Ehrungen ist weitaus länger, den großen Respekt vor dem Jahrhundertspieler zeigt vor allem jedoch eine: Denn trotz Platzverweises und verlorenem Finale wurde Zinédine Zidane bei der WM 2006 zum wertvollsten Spieler des Turniers gewählt.

ZINÉDINE YAZID ZIDANE

GEBOREN: 23. Juni 1972 in Marseille (Frankreich)
VEREINE: AS Cannes (1988–92), Girondins Bordeaux (1992–96), Juventus Turin (1996–2001), Real Madrid (2001–06)
LÄNDERSPIELE: 108 (31 Tore) für Frankreich

10
adidas

AVAYA

DINO ZOFF

ER IST DER EINZIGE FUSSBALL-ITALIENER, der Europameister und Weltmeister (und noch dazu Vizeweltmeister) wurde, 1143 Minuten blieb er im Nationaltor ohne Gegentreffer, bis der Haitianer Emmanuel »Manno« Sanon bei der WM 1974 in Deutschland gegen ihn traf. Sechs Meisterschaften, Sieg im UEFA-Cup, zwei nationale Pokale – sämtlich mit Juventus Turin –, nicht zuletzt wurde sein Porträt auf staatliche Briefmarken gedruckt, in zwei Worten: Dino Zoff.

Ein 22 Jahre langes Profileben war das, noch mit 41, ein Jahr, nachdem er als Kapitän Weltmeister geworden war, stand Zoff in seinem grauen Trikot im Tor der Nationalmannschaft, in dem er mehr als die Hälfte seiner Einsätze ohne Gegentor absolvierte. Er war ein sachlich-unspektakulärer, auf der Linie überragender Keeper. Nachdem Inter Mailand und Juventus ihn zunächst nicht hatten verpflichten wollen, begann der Sohn eines Bauern aus dem nordostitalienischen Friaul seine Profikarriere bei AC Udinese, stieg mit dem Team in die Serie B ab, und über den Zweitligisten Mantova kam Zoff zum SSC Neapel, wo er seinen Durchbruch erlebte: Zoff wurde italienischer Vizemeister, Nationalspieler – zunächst als Ersatz für den famosen Enrico Albertosi –, dann Europameister.

Erst im Alter von dreißig Jahren wechselte er zu Juventus Turin, jenen Club, den man sich in der Rückschau ohne *Dino Nazionale* eigentlich nicht vorstellen kann, was auch daran liegen mag, dass Zoff in den folgenden elf Jahren kein Spiel der Serie A für den Fußballverein der Agnelli-Familie verpasste. Es wurde einmal ausgerechnet, dass der Torsteher im Schnitt in keiner Saison mehr als 19 Treffer hat hinnehmen müssen, auch in der Heimat des Defensivfußballs ein erstaunlicher Wert.

Zoff hat an seinem Ruf als spröder, maulfauler Charakter in der Öffentlichkeit ordentlich mitgearbeitet, daher der Spitzname »Schweiger aus Friaul«. Zoff hat dieses Bild zu korrigieren versucht. Er sei, sagte er, ein durchaus geselliger Typ, »nur rede ich halt nicht viel«. Im späteren Verlauf seiner Karriere, als er das Amt des italienischen Nationaltrainers bekleidete und Journalistenfragen kaum oder gar nicht beantwortete, musste er sich sogar den Titel »Mumie« gefallen lassen.

Mit 60 hat der Mann, der über sich gesagt hat, er sei als Torwart geboren, dann doch mal mit dem inzwischen nur noch als Hobby ausgeübten Fußballspielen aufgehört. Inzwischen versucht Dino Zoff sich im Golf. Ein Sport, der zu ihm passt. Nicht allein des Alters wegen.

DINO ZOFF

GEBOREN: 28. Februar 1942 in Mariano del Friuli (Italien)
VEREINE: Udinese Calcio (1961–63), AC Mantova (1963–67), SSC Neapel (1967–72), Juventus Turin (1972–83)
LÄNDERSPIELE: 112 (0 Tore) für Italien (1968–83)

ITALIA

ABBILDUNGSNACHWEIS:
adidas (Schutzumschlagrückseite), Coddou (90/91), ddp (63), El Gráfico (97), Getty Images (Titel, 7, 11, 22, 33, 39, 40, 41, 43, 52, 57, 62, 64, 72, 76, 79, 84, 88, 104, 106/107, 108, 129, 137, 141, 147, 151, 158/159), Horstmüller (14, 148), Imago (8, 12, 27, 30, 31, 53, 61, 67, 68, 74, 75, 80/81, 83, 94, 98, 103, 111, 116, 117, 119, 131, 136, 154/155, 157), Photogamma (54), Picture-Alliance (21, 24, 25, 29, 71, 93, 100/101, 120, 124, 126/127, 134, 138, 142, 150, 152), Pixathlon (2/3, 26, 45, 49, 50, 115, 123, 130), Rauchensteiner (133), Witters (16/17, 18, 34, 36/37, 44, 46, 58, 73, 87, 112, 144/145)

Von Thomas Lötz und Reinaldo Coddou H. sind darüber hinaus folgende Titel im Delius Klasing Verlag erschienen:
100 Legenden der Bundesliga
Die Geschichte der Champions League
Die 100 wichtigsten Tore der Welt

Bibliografische Informationen der Deutschen Nationalbibliothek
Die Deutschen Nationalbibliothek verzeichnet diese Publikation in der Deutschen Nationalbibliothek; detaillierte bibliografische Daten sind im Internet über http://dnb.d-nb.de abrufbar.

1. Auflage
ISBN 978-3-7688-3263-2

Idee, Konzept und Text: Thomas Lötz
Bildredaktion: Reinaldo Coddou H.
Redaktionsschluss: 15. März 2011

Lektorat: omnibooks, Bielefeld
Gestaltung: Claas Möller, Hamburg
Lithografie: scanlitho.teams, Bielefeld
Druck: Kunst- und Werbedruck, Bad Oeynhausen
Printed in Germany 2011

Delius Klasing Verlag, Siekerwall 21, D - 33602 Bielefeld
Tel.: 0521/559-0, Fax: 0521/559-115
E-Mail: info@delius-klasing.de
www.delius-klasing.de